Książka kucharska nieodpartych klopsików warzywnych

100 odżywczych i aromatycznych roślinnych klopsików dla każdego podniebienia

Matylda Król

Prawo autorskie Materiał ©2023

Wszystko Prawa Skryty

Dobrze część tego _ książka Móc Być usiadł rumak przekazywane W każdy formy rumak zrobiłbym każdy oznacza bez the czysty pisemny zgoda o _ wydawca I Prawo autorskie właściciel z wyjątkiem Do krótki cytaty usiadł W I recenzja. Ten książka powinien notatki Być uważany za I zastąpić Do medyczny prawnie rumak Inny profesjonalny _ _ rada.

SPIS TREŚCI

SPIS TREŚCI..3
WSTĘP..7
Klopsiki Warzywne...9
1. Pulpety Z Czerwonych Buraków..............................10
2. Klopsiki Wegetariańskie Z Zielonej Soczewicy.........12
3. Naśladowca Wegetariańskich Kulek Ikea..................14
4. Ziołowe Klopsiki Z Quinoa.....................................16
5. Klopsiki z Czarnej Fasoli..18
6. Klopsiki owsiano-warzywne...................................20
7. Klopsiki z białej fasoli i orzechów włoskich............22
8. Garbanzo Pulpety Z Fasoli I Marchewki..................24
9. Grillowane klopsiki z kaszy bulgur i soczewicy.......26
10. Pieczarkowe Klopsiki Tofu...................................28
11. Klopsiki Z Soczewicy, Grochu I Marchewki..........30
12. Klopsiki Z Pieczarek I Warzyw.............................32
13. Klopsiki Tex-Mex..34
14. Grillowane klopsiki z fasoli..................................37
15. Owies Cebulowy klopsy.......................................39
16. Pulpety z dzikich grzybów....................................41
17. Klopsiki Tofu Tahini..43
18. Klopsiki Z Czarnej Fasoli I Orzechów...................45
19. Wegańskie Klopsiki Z Bekonem............................47
20. Jęczmienne Klopsiki Owsiane...............................49
21. Klopsiki Tempeh & Orzechy Włoskie...................51
22. klopsiki z fasoli i owsa..53
23. Tempeh & Orzechy Włoskie................................55
24. Macadamia-Ca rrot klopsy...................................57
25. Curry Klopsiki Z Ciecierzycy...............................59
26. Klopsiki z fasoli pinto z majonezem.....................61
27. Pulpety Z Soczewicy, Grzybów I Ryżu.................63
28. Shiitake i owsiane klopsiki...................................65
29. Klopsiki owsiane i wegańskie z mozzarellą..........67

30. Klopsiki z orzechami włoskimi i warzywami...............69
31. Marokańskie klopsiki warzywne Yam.........................71
32. Pulpety z soczewicy, pistacji i shiitake......................74
33. Wysokobiałkowe Wegańskie Klopsiki.........................77
34. kulki tofu...80
35. z Kalafiora, Fasoli i Szpinaku..................................82
36. Wegańskie klopsiki z piekarnika..............................84
37. Klopsiki z parmezanem z grzybami i orzechami nerkowca..86
38. Klopsiki Cremini & Soczewica..................................88
39. Klopsiki Cytrynowo-Oregano...................................90
40. Z Riracha Ciecierzycy Klopsikami..............................92
41. Wegańskie Klopsiki Pieczarkowe..............................94
42. Spaghetti z warzywami i klopsikami..........................96
43. Klopsiki Tempeh I Cebula......................................98
44. Pulpety Z Soczewicy I Pieczarek.............................101
45. Klopsiki ze słodkich ziemniaków i czarnej fasoli..........103
46. Pulpety Z Kalafiora I Ciecierzycy............................105
47. Klopsiki z cukinii i komosy ryżowej..........................107
48. Pulpety ze szpinaku i fety.....................................109
49. Klopsiki z brokułów i cheddaru...............................111
50. Klopsiki Z Marchewki I Ciecierzycy..........................113
51. Pulpety Z Pieczarek I Orzechów..............................115
52. Pulpety Z Buraków I Quinoa..................................117
53. Klopsiki z Quinoa i Kukurydzy................................119
54. Klopsiki Z Bakłażana I Ciecierzycy...........................121
55. Pulpety Ziemniaczane I Grochowe..........................123
56. Klopsiki z kukurydzy i czerwonej papryki..................125
57. Pulpety Z Dyni Piżmowej I Szałwii...........................127
58. Klopsiki z jarmużu i białej fasoli..............................129
59. Klopsiki z komosy ryżowej i szpinaku.......................131
60. Klopsiki z kalafiora i komosy ryżowej.......................133
61. Pulpety Z Ciecierzycy I Szpinaku.............................135
62. Klopsiki ze słodkich ziemniaków i ciecierzycy............137
63. Pulpety Z Pieczarek I Soczewicy.............................139

64. Pulpety Z Marchewki I Cukinii..................................141
65. Klopsiki z quinoa i grzybami....................................143
66. Klopsiki z czarnej fasoli i kukurydzy.......................145
67. Klopsiki z Brokułami I Serem Cheddar....................147
68. Pulpety Z Kalafiora I Sera..149
69. Pulpety Pieczarkowo-Orzechowe Z Rozmarynem......151
PASZTETKI WARZYWNE..153
70. Burgery Z Czerwonych Buraków Z Rukolą..............154
71. Paszteciki Pecan-Soczewica....................................157
72. Burgery z czarną fasolą...159
73. Pasztet Owsiano-Warzywny....................................161
74. Paszteciki z białej fasoli i orzechów włoskich..........163
75. Burgery z fasoli Garbanzo.......................................165
76. Wegetariański pasztet z soczewicy bulgur................167
77. Pasztet z tofu z grzybami..169
78. Pasztet Z Soczewicy, Grochu I Marchewki..............171
79. Szybkie kotleciki warzywne.....................................173
80. Pasztet wegetariański w stylu Tex-Mex...................175
81. Wegetariańskie kotleciki z fasoli..............................178
82. Owies Cebulowy paszteciki.....................................180
83. Pasztet z dzikich grzybów..182
84. Paszteciki wegetariańskie z tofu tahini....................184
85. Grillery z czarną fasolą i orzechami.........................186
86. Paszteciki z jęczmienia i selera................................188
87. Paszteciki Tempeh i Cebula....................................190
88. Paszteciki Mieszane Z Fasoli I Owsa.......................192
89. Paszteciki z tempehem i orzechami włoskimi..........194
90. Paszteciki z orzechami makadamia i orzechami nerkowca..196
91. Złote Burgery Z Ciecierzycy....................................198
92. Curry Pasztety Z Ciecierzycy..................................200
93. Paszteciki z fasoli pinto z majonezem.....................202
94. z ryżem z soczewicy..204
95. Shiitake i płatki owsiane..206
96. owies , W pasztecie z jajkiem i mozzarellą.............208

97. Paszteciki z orzechami i warzywami...............................210
98. Marokańskie burgery wegetariańskie Yam..................212
99. Burger z soczewicy, pistacji i shiitake.........................215
100. Wysokobiałkowe Wegańskie Burgery.......................218
WNIOSEK...221

WSTĘP

Witamy w świecie klopsików warzywnych! W tej książce kucharskiej zapraszamy Cię do odkrywania pysznych i zdrowych możliwości roślinnych klopsików. Klopsiki warzywne oferują kreatywny i satysfakcjonujący sposób na cieszenie się smakami i konsystencją warzyw, zapewniając jednocześnie pożywną alternatywę dla tradycyjnych klopsików. Ta książka kucharska to przewodnik, który pomoże ci opanować sztukę przygotowywania warzywnych klopsików i tworzenia odżywczych i aromatycznych potraw, które zadowolą zarówno wegan, jak i miłośników mięsa.

Klopsiki warzywne są świadectwem wszechstronności i obfitości składników pochodzenia roślinnego. Od soczewicy i ciecierzycy po grzyby i komosę ryżową, możliwości tworzenia pysznych alternatyw dla klopsików są nieograniczone. W tej książce kucharskiej świętujemy bogactwo i różnorodność klopsików warzywnych, przedstawiając zbiór przepisów, które łączą różne warzywa, zboża i przyprawy, aby stworzyć przepyszne kęsy, które są zarówno satysfakcjonujące, jak i pożywne.

Na tych stronach odkryjesz skarbnicę przepisów, które pokazują kreatywność i smak klopsików warzywnych. Od klasycznych klopsików w stylu włoskim z elementami roślinnymi po kreacje inspirowane światem, które zawierają różnorodne zioła i przyprawy, stworzyliśmy kolekcję, która zabierze Twoje kubki smakowe w aromatyczną podróż. Każdy przepis ma na celu zapewnienie zrównoważonej kombinacji smaków, konsystencji i składników odżywczych, zapewniając satysfakcjonujące i przyjemne doznania kulinarne.

Ale ta książka kucharska to coś więcej niż tylko zbiór przepisów na klopsiki warzywne. Poprowadzimy Cię przez sztukę tworzenia tekstur i smaków przypominających klopsiki przy użyciu składników roślinnych, udzielimy wskazówek dotyczących środków wiążących i przypraw oraz podzielimy się technikami uzyskiwania idealnej tekstury i konsystencji. Niezależnie od tego, czy jesteś doświadczonym kucharzem roślinnym, czy nowicjuszem w świecie warzywnych klopsików, naszym celem jest umożliwienie Ci tworzenia pysznych i zdrowych potraw, które zachwycą Twoje kubki smakowe i odżywią Twoje ciało.

Niezależnie od tego, czy szukasz zdrowszej alternatywy dla tradycyjnych klopsików, odkrywasz jedzenie roślinne, czy po prostu chcesz włączyć więcej warzyw do swojej diety, niech „Z ogrodu na talerz: książka kucharska klopsików warzywnych" będzie twoim przewodnikiem. Przygotuj się na delektowanie się kreatywnością i smakiem warzywnych klopsików i wyrusz w aromatyczną podróż, która celebruje obfitość i wszechstronność składników pochodzenia roślinnego.

Klopsiki Warzywne

1.Pulpety Z Czerwonych Buraków

SKŁADNIKI:
- 15 uncji puszki jasnoczerwonej fasoli
- 2 ½ łyżki oliwy z oliwek z pierwszego tłoczenia
- 2 ½ uncji grzybów Cremini
- 1 czerwona cebula
- ½ szklanki ugotowanego brązowego ryżu
- ¾ szklanki surowych buraków
- 1/3 szklanki nasion konopi
- 1 łyżeczka mielonego czarnego pieprzu
- ½ łyżeczki soli morskiej
- ½ łyżeczki mielonych nasion kolendry
- 1 wegański zamiennik jajka

INSTRUKCJE:
- Rozgrzej piekarnik do 375 ° F. Zmiel dobrze fasolę w misce do mieszania i odłóż na bok.
- Rozgrzej olej na nieprzywierającej patelni na średnim ogniu.
- Dodaj grzyby i cebulę i smaż, aż zmiękną, około 8 minut.
- Przenieś mieszankę warzywną do miski z fasolą.
- Wymieszaj ryż, buraki, nasiona konopi, pieprz, sól i kolendrę, aż się połączą.
- Dodaj wegański zamiennik jajka i mieszaj, aż dobrze się połączy.
- Uformuj z mieszanki cztery kulki i umieść na niebielonej blasze wyłożonej papierem do pieczenia.
- Delikatnie posmaruj wierzch klopsików ½ łyżki oleju opuszkami palców.
- Piec przez 1 godzinę. Bardzo delikatnie odwróć każdy klopsik i piecz, aż będzie chrupiący, jędrny i zrumieniony, około 20 minut dłużej.

2.Klopsiki Wegetariańskie Z Zielonej Soczewicy

SKŁADNIKI:

- 1 żółta cebula drobno posiekana
- 1 duża marchewka obrana i pokrojona w kostkę
- 4 ząbki czosnku posiekane
- 2 szklanki gotowanej zielonej soczewicy
- 2 łyżki koncentratu pomidorowego
- 1 łyżeczka oregano
- 1 łyżeczka suszonej bazylii
- $\frac{1}{4}$ szklanki drożdży odżywczych
- 1 łyżeczka soli morskiej
- 1 szklanka pestek dyni

INSTRUKCJE:

- W robocie kuchennym połącz wszystkie składniki.
- Pulsuj, aby połączyć, pozostawiając trochę tekstury.
- Z soczewicy uformować 4 klopsiki.

3.Naśladowca Wegetariańskich Kulek Ikea

SKŁADNIKI:

- 1 puszka ciecierzycy z puszki
- 1 szklanka mrożonego szpinaku
- 3 marchewki
- ½ papryki
- ½ szklanki słodkiej kukurydzy z puszki
- 1 szklanka zielonego groszku
- 1 cebula
- 3 ząbki czosnku
- 1 szklanka mąki owsianej
- 1 łyżka oliwy z oliwek
- Przyprawa

INSTRUKCJE:

- Dodaj wszystkie warzywa do robota kuchennego i pulsuj, aż zostaną drobno posiekane.
- Teraz dodaj mrożony, ale rozmrożony lub świeży szpinak, suszoną szałwię i suszoną pietruszkę.
- Dodaj ciecierzycę z puszki i Pulse, aż się połączą.
- Wymieszaj i gotuj przez 1-2 minuty.
- Zrób kulki warzywne, miarka kulkę i uformuj ją rękami.
- Kulki układamy na papierze do pieczenia lub blasze do pieczenia.
- Piecz je przez 20 minut, aż uzyskają chrupiącą skórkę.

4.Ziołowe Klopsiki Z Quinoa

SKŁADNIKI:
- 2 szklanki ugotowanej komosy ryżowej
- ¼ szklanki wegańskiego parmezanu, tartego
- ¼ szklanki wegańskiego sera asiago, startego
- ¼ szklanki świeżej bazylii, posiekanej
- 2 łyżki świeżej kolendry, posiekanej
- 1 łyżeczka świeżego oregano, posiekanego
- ½ łyżeczki świeżego tymianku
- 3 małe ząbki czosnku, drobno posiekane
- 1 duże jajko
- 2 duże szczypty soli koszernej
- ½ łyżeczki czarnego pieprzu
- ¼ szklanki włoskiej sezonowanej bułki tartej
- 1 szczypta do ¼ łyżeczki zmiażdżonych płatków czerwonej papryki

INSTRUKCJE:
- Wymieszaj wszystkie składniki w dużej misce.
- Na rozgrzaną patelnię wlej trochę oliwy z oliwek.
- Uformuj klopsik trochę mniejszy niż piłka golfowa i umieść go na patelni.
- Piec na patelni lub blasze do pieczenia z brzegami i piec w nagrzanym piekarniku przez 25 minut.

5. Klopsiki z Czarnej Fasoli

SKŁADNIKI:

- 3 łyżki oliwy z oliwek
- ½ szklanki mielonej cebuli
- 1 ząbek czosnku, posiekany
- 1½ szklanki czarnej fasoli
- 1 łyżka posiekanej świeżej pietruszki
- ½ szklanki suchego niesezonowanego panko
- ¼ szklanki glutenu pszennego
- 1 łyżeczka wędzonej papryki
- ½ łyżeczki suszonego tymianku
- Sól i świeżo mielony czarny pieprz

INSTRUKCJE:

- Na patelni rozgrzej 1 łyżkę oleju i podgrzewaj przez kilka minut.
- Dodaj cebulę i czosnek i gotuj, aż zmiękną, około 5 minut.
- Przenieś mieszankę cebuli do robota kuchennego.
- Dodać fasolę, natkę pietruszki, panko , mąkę, paprykę, tymianek, sól i pieprz do smaku.
- Przetwarzaj, aż dobrze się połączy, pozostawiając trochę tekstury.
- Z masy uformować 4 równe klopsiki i wstawić do lodówki na 20 minut.
- Na patelni rozgrzej pozostałe 2 łyżki oleju na umiarkowanym ogniu.
- Dodaj klopsiki i smaż, aż zbrązowieją z obu stron, obracając raz, około 5 minut z każdej strony.

6. Klopsiki owsiano-warzywne

SKŁADNIKI:

- 2 łyżki plus 1 łyżeczka oliwy z oliwek
- 1 cebula, posiekana
- 1 marchewka, starta
- 1 szklanka niesolonych mieszanych orzechów
- ¼ szklanki glutenu pszennego
- ½ szklanki staromodnego owsa, plus więcej w razie potrzeby
- 2 łyżki kremowego masła orzechowego
- 2 łyżki posiekanej świeżej pietruszki
- ½ łyżeczki soli
- ¼ łyżeczki świeżo zmielonego czarnego pieprzu

INSTRUKCJE:

- Na patelni rozgrzej 1 łyżeczkę oleju na umiarkowanym ogniu.
- Dodać cebulę i gotować do miękkości, około 5 minut. Wmieszaj marchewkę i odłóż na bok.
- W robocie kuchennym zmiel orzechy, aż zostaną posiekane.
- Dodaj mieszankę cebulowo-marchewkową wraz z mąką, płatkami owsianymi, masłem orzechowym, pietruszką, solą i pieprzem. Przetwarzaj, aż dobrze się wymiesza.
- Z masy uformować 4 równe klopsiki.
- Na patelni rozgrzać pozostałe 2 łyżki oleju, dodać klopsiki i smażyć do zrumienienia z obu stron, około 5 minut z każdej strony.

7. Klopsiki z białej fasoli i orzechów włoskich

SKŁADNIKI:

- ¼ szklanki posiekanej cebuli
- 1 ząbek czosnku, rozgnieciony
- 1 szklanka kawałków orzecha włoskiego
- 1 szklanka konserwowanej lub gotowanej białej fasoli
- 1 szklanka mąki pszennej glutenowej
- 2 łyżki posiekanej świeżej pietruszki
- 1 łyżka sosu sojowego
- 1 łyżeczka musztardy Dijon i więcej do podania
- ½ łyżeczki soli
- ½ łyżeczki mielonej szałwii
- ½ łyżeczki słodkiej papryki
- ¼ łyżeczki kurkumy
- ¼ łyżeczki świeżo zmielonego czarnego pieprzu
- 2 łyżki oliwy z oliwek

INSTRUKCJE:

- W robocie kuchennym połącz cebulę, czosnek i orzechy włoskie i miksuj, aż zostaną drobno zmielone.
- Gotuj fasolę na patelni na ogniu, mieszając, przez 1 do 2 minut, aby odparowała wilgoć.
- Dodaj fasolę do robota kuchennego wraz z mąką, pietruszką, sosem sojowym, musztardą, solą, szałwią, papryką, kurkumą i pieprzem.
- Przetwarzaj, aż dobrze się wymiesza. Z masy uformować 4 równe klopsiki.
- Na patelni rozgrzej olej na umiarkowanym ogniu.
- Dodaj klopsiki i smaż, aż zbrązowieją z obu stron, około 5 minut z każdej strony.

8. Garbanzo Pulpety Z Fasoli I Marchewki

SKŁADNIKI:

- 2 szklanki Rozgniecionej fasoli garbanzo
- 1 szt Seler naciowy, drobno posiekany
- 1 marchewka, drobno posiekana
- $\frac{1}{4}$ cebuli, posiekanej
- $\frac{1}{4}$ szklanki mąki pełnoziarnistej
- Sól i pieprz do smaku
- 2 łyżeczki oleju

INSTRUKCJE:

- Wymieszaj składniki, oprócz oleju, w misce.
- Uformować 6 klopsików.
- Smażymy na patelni posmarowanej olejem na średnim ogniu, aż klopsiki będą złociste z każdej strony.

9.Grillowane klopsiki z kaszy bulgur i soczewicy

SKŁADNIKI:

- 2 szklanki ugotowanej soczewicy
- 1 szklanka Wędzonych Pieczarek Portobello,
- 1 szklanka pszenicy bulgur
- 2 ząbki pieczonego czosnku,
- 2 łyżki oleju z orzechów włoskich
- $\frac{1}{4}$ łyżeczki estragonu, posiekanego
- Sól i pieprz do smaku

INSTRUKCJE:

- Przygotuj grill opalany drewnem lub węglem drzewnym i pozwól mu się wypalić.
- W misce zmiksuj soczewicę na gładką masę.
- Dodaj wszystkie składniki i mieszaj, aż dokładnie się połączą.
- Przechowywać w lodówce przez co najmniej 2 godziny. Uformować klopsiki.
- Posmaruj klopsiki oliwą z oliwek i grilluj przez 6 minut z każdej strony lub do momentu, aż będą gotowe.

10.Pieczarkowe Klopsiki Tofu

SKŁADNIKI:

- ½ szklanki płatków owsianych
- 1¼ szklanki grubo posiekanych migdałów
- 1 łyżka oliwy z oliwek lub oleju rzepakowego
- ½ szklanki posiekanej zielonej cebuli
- 2 łyżeczki mielonego czosnku
- 1½ szklanki posiekanego Cremini
- ½ szklanki Ugotowanego brązowego basmati
- ⅓ szklanki wegańskiego sera cheddar
- ⅔ szklanki Rozgniecione twarde tofu
- 1 wegański zamiennik jajka
- 3 łyżki posiekanej natki pietruszki
- ½ szklanki suchego panko

INSTRUKCJE:

- Na patelni rozgrzej olej i podsmaż cebulę, czosnek i pieczarki, aż się zeszklą.
- Dodaj płatki owsiane i gotuj dalej przez kolejne 2 minuty, ciągle mieszając.
- Połącz mieszankę cebuli z ryżem, wegańskim serem, tofu i wegańskim zamiennikiem jajka.
- Pietruszka, panko i migdały i wymieszaj, aby połączyć. Doprawić do smaku solą i pieprzem.
- Uformować 6 klopsików i smażyć lub podpiekać, aż będą złociste i chrupiące na zewnątrz.

11. Klopsiki Z Soczewicy, Grochu I Marchewki

SKŁADNIKI:

- ½ Posiekanej Cebuli
- ½ szklanki gotowanej zielonej soczewicy
- ⅓ szklanki Ugotowanego groszku
- 1 starta marchewka
- 1 łyżka posiekanej świeżej pietruszki
- 1 łyżeczka Tamary
- 2 szklanki panko
- ¼ szklanki mąki
- 1 wegański zamiennik jajka

INSTRUKCJE:

- Podsmaż cebulę do miękkości Wymieszaj wszystkie składniki oprócz mąki i odstaw do ostygnięcia.
- Z masy uformować klopsiki i zrumienić na patelni.

12. Klopsiki Z Pieczarek I Warzyw

SKŁADNIKI:

- 10 uncji Warzywa mieszane, mrożone
- 1 wegański zamiennik jajka
- szczypta Sól i pieprz
- ½ szklanki Grzyby, świeże, posiekane
- ½ szklanki panko
- 1 cebula, pokrojona w plasterki

INSTRUKCJE:

- Rozgrzej piekarnik do 350 stopni.
- Warzywa gotujemy na parze do miękkości
- Odłóż na bok jest fajne.
- Drobno posiekaj warzywa gotowane na parze i wymieszaj z wegańskim jajkiem, solą, pieprzem, pieczarkami i panko .
- Z masy uformować klopsiki.
- Umieść klopsiki, udekorowane plasterkami cebuli, na lekko naoliwionej blasze do pieczenia.
- Piec, obracając raz, aż będą brązowe i chrupiące z obu stron, około 45 minut.

13.Klopsiki Tex-Mex

SKŁADNIKI:
- 15¼ uncji Kukurydza w puszce z całymi ziarnami
- ½ szklanki Płyn zarezerwowany
- ½ szklanki mąki kukurydzianej
- ½ szklanki cebuli, drobno posiekanej
- ⅓ szklanki Czerwona papryka, drobno posiekana
- ½ łyżeczki startej skórki z limonki
- ¼ szklanki Ugotowanego białego ryżu
- 3 łyżki świeżej kolendry, posiekanej
- 4 łyżeczki papryczki chilli Jalapeno
- ½ łyżeczki mielonego kminku
- 4 tortille z mąki, od 9 do 10 cali

INSTRUKCJE:
- Zmiksuj ½ szklanki ziaren kukurydzy i 1 łyżkę mąki kukurydzianej w procesorze, aż utworzą się wilgotne grudki.
- Dodaj ¾ szklanki ziaren kukurydzy i przetwarzaj przez 10 sekund
- Przenieś mieszankę kukurydzianą do ciężkiego nieprzywierającego rondla.
- Dodaj ½ szklanki płynu kukurydzianego, cebulę, paprykę i skórkę z limonki.
- Przykryj i gotuj na bardzo małym ogniu, aż będzie gęsty i jędrny, często mieszając, 12 minut.
- Wymieszaj ryż, kolendrę, jalapeño, sól i kminek.
- Upuść ¼ mieszanki na każdy z 4 kawałków folii i wciśnij kawałki w klopsiki o grubości ¾ cala.
- Przygotuj grilla.

- Spryskaj obie strony klopsików nieprzywierającym sprayem i grilluj, aż będą chrupiące, około 5 minut z każdej strony.
- Grilluj tortille, aż będą giętkie, około 30 sekund z każdej strony

14. Grillowane klopsiki z fasoli

SKŁADNIKI:

- 2 uncje gotowanej mieszanej fasoli
- 1 Cebula, drobno posiekana
- 1 Marchewka, drobno starta
- 1 łyżeczka ekstraktu roślinnego
- 1 łyżeczka suszonych ziół mieszanych
- 1 uncja pełnoziarnistego panko

INSTRUKCJE:

- Wymieszaj wszystkie składniki w robocie kuchennym lub blenderze, aż będą prawie gładkie.
- Uformować 4 grube klopsiki i dobrze schłodzić.
- Posmaruj olejem i grilluj lub grilluj przez około 15 minut, obracając raz lub dwa razy.
- Podawać w dipach sezamowych z relish, sałatką i frytkami.

15.Owies Cebulowy klopsy

SKŁADNIKI:

- 4 szklanki wody
- ½ szklanki sosu sojowego o obniżonej zawartości soli
- ½ szklanki drożdży odżywczych
- 1 Cebula pokrojona w kostkę
- 1 łyżka oregano
- ½ łyżki Czosnku w proszku
- 1 łyżka suszonej bazylii
- 4½ szklanki staromodnych płatków owsianych

INSTRUKCJE:

- Doprowadzić wszystkie składniki oprócz płatków owsianych do wrzenia.
- Zmniejsz ogień i wymieszaj z 4½ filiżanki płatków owsianych.
- Gotować około 5 minut, aż woda się wchłonie.
- Wypełnij mieszanką prostokątną nieprzywierającą formę do pieczenia
- Piec w 350 F. przez 25 minut.
- Następnie pokrój je na 4-calowe kwadratowe klopsiki i odwróć je.
- Gotuj przez kolejne 20 minut.
- Podawać jako danie główne, na ciepło lub na zimno.

16.Pulpety z dzikich grzybów

SKŁADNIKI:

- 2 łyżeczki oliwy z oliwek
- 1 Żółta cebula, drobno posiekana
- 2 Szalotki, obrane i posiekane
- $\frac{1}{8}$ łyżeczki soli
- 1 szklanka suchych grzybów shiitake
- 2 kubki Pieczarki Portobello
- 1 opakowanie tofu
- ⅓ szklanki Prażone kiełki pszenicy
- ⅓ szklanki panko
- 2 łyżki sosu sojowego Lite
- 1 łyżeczka aromatu dymu w płynie
- $\frac{1}{2}$ łyżeczki czosnku granulowanego
- ¾ szklanki płatków owsianych do szybkiego gotowania

INSTRUKCJE:

- Podsmaż cebulę, szalotki i sól na oliwie z oliwek przez około 5 minut.
- Ugotuj zmiękczone grzyby shiitake i zmiel je razem ze świeżymi grzybami w robocie kuchennym. Dodać do cebuli.
- Gotuj przez 10 minut, od czasu do czasu mieszając, aby się nie przypaliły.
- Wymieszaj grzyby z puree z tofu, dodaj pozostałe składniki i dobrze wymieszaj.
- Zmocz ręce, aby się nie posklejały i uformuj klopsiki.
- Piecz przez 25 minut, obracając raz po 15 minutach.

17. Klopsiki Tofu Tahini

SKŁADNIKI:

- 1-funtowe twarde tofu, odsączone
- 1½ szklanki surowych płatków owsianych
- ½ szklanki startej marchwi
- 1 Posiekana smażona cebula
- 1 łyżka Tahini, mniej więcej
- 1 łyżka sosu sojowego

INSTRUKCJE:

- Dodaj mieszankę wybranych przypraw i ziół.
- Uformować klopsiki na blasze do pieczenia.
- Piec w 350 przez 20 minut, odwrócić je i piec jeszcze 10 minut.

18. Klopsiki Z Czarnej Fasoli I Orzechów

SKŁADNIKI:

- 1 szklanka granulatu TVP
- 1 szklanka wody
- 1 łyżka sosu sojowego
- 15-uncjowa puszka czarnej fasoli
- ½ szklanki witalnej mąki glutenowej pszennej
- ¼ szklanki sosu barbecue
- 1 łyżka płynnego dymu
- ½ łyżeczki czarnego pieprzu
- 2 łyżki masła orzechowego

INSTRUKCJE:

- Odtwórz TVP, mieszając go z wodą i sosem sojowym w misce nadającej się do kuchenki mikrofalowej, szczelnie przykrywając plastikową folią i podgrzewając w kuchence mikrofalowej na wysokim poziomie przez 5 minut.
- Dodaj fasolę, gluten pszenny, sos barbecue, płynny dym, pieprz i masło orzechowe do odtworzonego TVP, gdy będzie wystarczająco chłodny, aby można go było używać.
- Ugniataj go rękami, aż będzie jednolity, a większość fasoli będzie rozgnieciona.
- Uformować 6 klopsików.
- Grilluj na grillu, smarując po drodze dodatkowym sosem barbecue, około 5 minut z każdej strony.

19. Wegańskie Klopsiki Z Bekonem

SKŁADNIKI:

- 1 szklanka granulatu TVP
- 2 łyżki sosu do steków
- 1 łyżka płynnego dymu
- ¼ szklanki rzepaku lub il
- 1/3 szklanki masła orzechowego
- ½ szklanki witalnej mąki glutenowej pszennej
- ½ szklanki wegańskich kawałków bekonu
- ¼ szklanki drożdży odżywczych
- 1 łyżka papryki
- 1 łyżka czosnku w proszku
- 1 łyżeczka mielonego czarnego pieprzu

INSTRUKCJE:

- Odtwórz TVP, mieszając TVP, wodę, sos do steków i płynny dym w misce bezpiecznej dla kuchenek mikrofalowych, szczelnie przykrywając plastikową torebką i podgrzewając ją w kuchence mikrofalowej przez 5 minut.
- Dodaj olej i masło orzechowe do mieszanki TVP.
- W misce wymieszaj gluten pszenny, kawałki wegańskiego bekonu, drożdże, paprykę, czosnek w proszku i czarny pieprz.
- Dodaj mieszaninę TVP do mieszanki mąki i ugniataj, aż dobrze się połączy.
- Przykryć i odstawić na 20 minut.
- Uformować od 4 do 6 klopsików i przygotować według uznania.

20. Jęczmienne Klopsiki Owsiane

SKŁADNIKI:

- 1 szklanka fasoli maślanej z puszki
- ¾ szklanki kaszy bulgur, ugotowanej
- ¾ szklanki jęczmienia, ugotowanego
- ½ szklanki Szybkie płatki owsiane, niegotowane
- 1½ łyżki sosu sojowego
- 2 łyżki sosu barbecue
- 1 łyżeczka suszonej bazylii
- ½ szklanki cebuli, drobno posiekanej
- 1 ząbek czosnku, drobno posiekany
- 1 Seler naciowy, posiekany
- 1 łyżeczka soli
- pieprz do smaku

INSTRUKCJE:

- Za pomocą widelca lub tłuczka do ziemniaków lekko rozgnieć fasolę.
- Dodać pozostałe składniki i uformować 6 klopsików.
- Spryskaj patelnię olejem i brązowymi klopsikami z obu stron.

21. Klopsiki Tempeh & Orzechy Włoskie

SKŁADNIKI:

- 8 uncji tempeh, pokrojone w $\frac{1}{2}$-calowe kostki
- $\frac{3}{4}$ szklanki posiekanej cebuli
- 2 ząbki czosnku, posiekane
- $\frac{3}{4}$ szklanki posiekanych orzechów włoskich
- $\frac{1}{2}$ szklanki staromodnego lub szybko gotującego się owsa
- 1 łyżka posiekanej świeżej pietruszki
- $\frac{1}{2}$ łyżeczki suszonego oregano
- $\frac{1}{2}$ łyżeczki suszonego tymianku
- $\frac{1}{2}$ łyżeczki soli
- $\frac{1}{4}$ łyżeczki świeżo zmielonego czarnego pieprzu
- 3 łyżki oliwy z oliwek

INSTRUKCJE:

- W garnku z gotującą się wodą gotuj tempeh przez 30 minut.
- Odcedź i odstaw do ostygnięcia.
- W robocie kuchennym połącz cebulę z czosnkiem i miksuj, aż się zmielą.
- Dodaj schłodzony tempeh, orzechy włoskie, płatki owsiane, pietruszkę, oregano, tymianek, sól i pieprz.
- Przetwarzaj, aż dobrze się wymiesza. Z masy uformować 4 równe klopsiki.
- Na patelni rozgrzej olej na umiarkowanym ogniu.
- Dodaj klopsiki i smaż dokładnie, aż zbrązowieją z obu stron, 7 minut z każdej strony.

22. klopsiki z fasoli i owsa

SKŁADNIKI:

- 1 łyżka oliwy z oliwek
- 1 cebula, posiekana
- 4 ząbki czosnku, posiekane
- 1 marchewka, posiekana
- 1 łyżeczka mielonego kminku
- 1 łyżeczka chili w proszku
- pieprz do smaku
- 15 *uncji* fasoli pinto, opłukanej, osuszonej i zmiksowanej
- 15 *uncji* czarnej fasoli, opłukanej, odsączonej i zmiksowanej
- 1 łyżka ketchupu
- 2 łyżki musztardy Dijon
- 2 łyżki sosu sojowego
- 1½ szklanki płatków owsianych
- ½ szklanki salsy

INSTRUKCJE:

- Dodaj oliwę z oliwek na patelnię na ogniu.
- Smaż cebulę przez 2 minuty, często mieszając.
- Wmieszać czosnek. Następnie gotuj przez 1 minutę.
- Dodaj marchewkę, mielony kminek i chili w proszku.
- Gotuj mieszając przez 2 minuty.
- Przenieś mieszankę marchewkową do miski.
- Wymieszaj puree z fasoli, keczup, musztardę, sos sojowy i płatki owsiane.
- Uformować klopsiki.
- Grilluj klopsiki przez 4 do 5 minut z każdej strony.

23. Tempeh & Orzechy Włoskie

SKŁADNIKI:

- 8 uncji tempeh, pokrojone w $\frac{1}{2}$-calowe kostki
- $\frac{3}{4}$ szklanki posiekanej cebuli
- 2 ząbki czosnku, posiekane
- $\frac{3}{4}$ szklanki posiekanych orzechów włoskich
- $\frac{1}{2}$ szklanki staromodnego lub szybko gotującego się owsa
- 1 łyżka posiekanej świeżej pietruszki
- $\frac{1}{2}$ łyżeczki suszonego oregano
- $\frac{1}{2}$ łyżeczki suszonego tymianku
- $\frac{1}{2}$ łyżeczki soli
- $\frac{1}{4}$ łyżeczki świeżo zmielonego czarnego pieprzu
- 3 łyżki oliwy z oliwek

INSTRUKCJE:

- W garnku z gotującą się wodą gotuj tempeh przez 30 minut.
- Odcedź i odstaw do ostygnięcia.
- W robocie kuchennym połącz cebulę z czosnkiem i miksuj, aż się zmielą.
- Dodaj schłodzony tempeh, orzechy włoskie, płatki owsiane, pietruszkę, oregano, tymianek, sól i pieprz.
- Przetwarzaj, aż dobrze się wymiesza. Z masy uformować 4 równe klopsiki.
- Na patelni rozgrzej olej na umiarkowanym ogniu.
- Dodaj klopsiki i gotuj, aż będą dokładnie ugotowane i zrumienione z obu stron, około 7 minut z każdej strony.

24. Macadamia-Carrot klopsy

SKŁADNIKI:

- 1 szklanka posiekanych orzechów makadamia
- 1 szklanka posiekanych nerkowców
- 1 marchewka, starta
- 1 cebula, posiekana
- 1 ząbek czosnku, posiekany
- 1 papryczka jalapeño lub inna zielona papryczka chili, pozbawiona nasion i posiekana
- 1 szklanka staromodnego owsa
- 1 szklanka suchej niesezonowanej mąki migdałowej
- 2 łyżki posiekanej świeżej kolendry
- ½ łyżeczki mielonej kolendry
- Sól i świeżo mielony czarny pieprz
- 2 łyżeczki świeżego soku z limonki
- Olej rzepakowy lub z pestek winogron do smażenia

INSTRUKCJE:

- W robocie kuchennym połącz orzechy makadamia, orzechy nerkowca, marchewkę, cebulę, czosnek, chili, owies, mąkę migdałową, kolendrę, kolendrę oraz sól i pieprz do smaku.
- Przetwarzaj, aż dobrze się wymiesza. Dodaj sok z limonki i miksuj, aż dobrze się połączy.
- Spróbuj, w razie potrzeby doprawiając przyprawami.
- Z masy uformować 4 równe klopsiki.
- Na patelni rozgrzej cienką warstwę oleju na umiarkowanym ogniu.
- Dodaj klopsiki i smaż na złoty kolor z obu stron, obracając raz w sumie około 10 minut.

25.Curry Klopsiki Z Ciecierzycy

SKŁADNIKI:

- 3 łyżki oliwy z oliwek
- 1 cebula, posiekana
- 1½ łyżeczki gorącego lub łagodnego curry w proszku
- ½ łyżeczki soli
- 1/8 łyżeczki mielonego cayenne
- 1 szklanka ugotowanej ciecierzycy
- 1 łyżka posiekanej świeżej pietruszki
- ½ szklanki mąki pszennej glutenowej
- 1/3 szklanki suchej niesezonowanej mąki migdałowej

INSTRUKCJE:

- Na patelni rozgrzej 1 łyżkę oleju na umiarkowanym ogniu.
- Dodaj cebulę, przykryj i gotuj, aż zmięknie, 5 minut. Wymieszaj 1 łyżeczkę curry w proszku, sól i pieprz cayenne i zdejmij z ognia. Odłożyć na bok.
- W robocie kuchennym połącz ciecierzycę, pietruszkę, glutenową mąkę pszenną, mąkę migdałową i gotowaną cebulę.
- Z masy z ciecierzycy uformować 4 równe klopsiki i odstawić.
- Na patelni rozgrzej pozostałe 2 łyżki oleju na umiarkowanym ogniu.
- Dodaj klopsiki, przykryj i smaż na złoty kolor z obu stron, obracając raz, około 5 minut z każdej strony.
- W misce wymieszaj pozostałe ½ łyżeczki curry w proszku z majonezem, mieszając miesza się.

26. Klopsiki z fasoli pinto z majonezem

SKŁADNIKI:

- 1½ szklanki ugotowanej fasoli pinto
- 1 szalotka, posiekana
- 1 ząbek czosnku, posiekany
- 2 łyżki posiekanej świeżej kolendry
- 1 łyżeczka przyprawy kreolskiej
- ¼ szklanki glutenu pszennego
- Sól i świeżo mielony czarny pieprz
- ½ szklanki suchej niesezonowanej mąki migdałowej
- 2 łyżeczki świeżego soku z limonki
- 1 papryczka serrano, pozbawiona nasion i posiekana
- 2 łyżki oliwy z oliwek

INSTRUKCJE:

- Odsącz fasolę ręcznikami papierowymi, aby wchłonąć nadmiar wilgoci.
- W robocie kuchennym połącz fasolę, szalotkę, czosnek, kolendrę, przyprawę kreolską, mąkę oraz sól i pieprz do smaku. Przetwarzaj, aż dobrze się wymiesza.
- Z masy uformować 4 równe klopsiki, w razie potrzeby dodając więcej mąki.
- Obtoczyć klopsiki w mące migdałowej. Przechowywać w lodówce przez 20 minut.
- W misce połącz majonez, sok z limonki i chili serrano.
- Dopraw solą i pieprzem do smaku, dobrze wymieszaj i wstaw do lodówki, aż będzie gotowy do podania.
- Na patelni rozgrzej olej na umiarkowanym ogniu.
- Dodaj klopsiki i smaż, aż będą rumiane i chrupiące z obu stron, około 5 minut z każdej strony.

27.Pulpety Z Soczewicy, Grzybów I Ryżu

SKŁADNIKI:

- ¾ szklanki soczewica
- 1 Słodkie ziemniaki
- 10 Świeże liście szpinaku
- 1 filiżanka Świeże grzyby, posiekane
- ¾ szklanki mąka migdałowa
- 1 łyżeczka Estragon
- 1 łyżeczka Czosnek w proszku
- 1 łyżeczka Płatki pietruszki
- ¾ szklanki Ryż długoziarnisty

INSTRUKCJE:

- Gotuj ryż, aż będzie ugotowany i lekko lepki, a soczewicę do miękkości. Lekko ostudzić.
- Drobno posiekaj obranego słodkiego ziemniaka i gotuj do miękkości. Lekko ostudzić.
- Liście szpinaku należy opłukać i drobno posiekać.
- Wymieszaj wszystkie składniki i przyprawy, dodając sól i pieprz do smaku.
- Schłodzić w lodówce przez 15-30 min.
- Uformować klopsiki i podsmażyć na patelni lub grillu warzywnym.
- Pamiętaj, aby natłuścić lub spryskać patelnię Pam, ponieważ te klopsiki będą miały tendencję do przyklejania się.

28. Shiitake i owsiane klopsiki

SKŁADNIKI:

- 8 uncji Płatki owsiane
- 4 uncje wegańskiego sera mozzarella
- 3 uncje grzybów shiitake pokrojonych w kostkę
- 3 uncje białej cebuli pokrojonej w kostkę
- 2 ząbki czosnku posiekane
- 2 uncje czerwonej papryki pokrojonej w kostkę
- 2 uncje kostek cukinii

INSTRUKCJE:

- Połącz wszystkie składniki w robocie kuchennym.
- Wciśnij włącznik/wyłącznik, aby z grubsza połączyć składniki.
- Nie mieszać zbyt długo. Końcowe mieszanie można wykonać ręcznie.
- Uformuj czterouncjowe klopsiki.
- Na patelni dodaj ilość oliwy z oliwek.
- Gdy patelnia będzie gorąca, dodaj klopsiki.
- Gotuj minutę z każdej strony.

29. Klopsiki owsiane i wegańskie z mozzarellą

SKŁADNIKI:

- ½ szklanki zielonej cebuli, posiekanej
- ¼ szklanki zielonej papryki, posiekanej
- ¼ szklanki natki pietruszki, posiekanej
- ¼ łyżeczki Biały pieprz
- 2 ząbki czosnku, pokrojone w kostkę
- ½ szklanki wegańskiego sera Mozzarella, startego
- ¾ szklanki brązowego ryżu
- ⅓ szklanki wody lub białego wina
- ½ szklanki marchwi, rozdrobnionej
- ⅔ szklanki posiekanej cebuli
- 3 łodygi selera, posiekane
- 1¼ łyżeczki Sól przyprawowa
- ¾ łyżeczki tymianku
- ½ szklanki wegańskiego sera Cheddar, startego
- 2 szklanki szybkich płatków owsianych
- ¾ szklanki kaszy bulgur

INSTRUKCJE:

- Ugotuj ryż i kaszę bulgur.
- Dusić warzywa przez 3 minuty na patelni pod przykryciem, mieszając raz lub dwa razy.
- Dokładnie odcedź i wymieszaj z ryżem i wegańskim serem, aż ser się lekko rozpuści.
- Wmieszaj pozostałe składniki.
- Uformuj 4-uncjowe klopsiki.
- Gotuj przez około 10 minut na grillu, używając sprayu do gotowania.
- Podawać jako danie główne.

30. Klopsiki z orzechami włoskimi i warzywami

SKŁADNIKI:

- ½ czerwonej cebuli
- 1 żeberko selera
- 1 marchewka
- ½ czerwona papryka
- 1 szklanka orzechów włoskich, prażonych, mielonych
- ½ szklanki panko
- ½ szklanki makaron jęczmienny
- 2 wegańskie zamienniki jajek
- Sól i pieprz
- Plasterki awokado
- Plasterki czerwonej cebuli
- łac
- Musztarda

INSTRUKCJE:

- Smaż seler naciowy, marchewkę i czerwoną paprykę na oleju do miękkości
- Dodaj czosnek, orzechy, bułkę tartą i ryż. Uformować klopsiki.
- Smażymy na oleju na złoty kolor.
- Złożyć na misce.

31. Marokańskie klopsiki warzywne Yam

SKŁADNIKI:

- 1½ szklanki obranego i startego ignamu
- 2 ząbki czosnku, obrane
- ¾ szklanki świeżych liści kolendry
- 1 kawałek świeżego imbiru, obrany
- 15-uncjowa puszka ciecierzycy, odsączona i wypłukana
- 2 łyżki siemienia lnianego zmieszane z 3 łyżkami wody
- ¾ szklanki płatków owsianych zmielonych na mąkę
- ½ łyżki oleju sezamowego
- 1 łyżka aminokwasów kokosowych lub niskosodowego tamari
- ½ łyżeczki drobnoziarnistej soli morskiej lub różowej soli himalajskiej do smaku
- Świeżo zmielony czarny pieprz do smaku
- 1½ łyżeczki chili w proszku
- 1 łyżeczka kminku
- ½ łyżeczki kolendry
- ¼ łyżeczki cynamonu
- ¼ łyżeczki kurkumy
- ½ szklanki kolendrowo-limonkowego sosu tahini

INSTRUKCJE:

- Rozgrzej piekarnik do 350F.
- Wyłóż blachę do pieczenia kawałkiem pergaminu.
- Zmiel czosnek, kolendrę i imbir, aż zostaną drobno posiekane.
- Dodaj odsączoną ciecierzycę i ponownie zmiksuj, aż zostanie drobno posiekana, ale pozostaw trochę tekstury. Przełóż tę mieszaninę do miski.
- W misce wymieszaj mieszaninę lnu i wody.

- Zmiel płatki owsiane na mąkę za pomocą blendera lub robota kuchennego.
- Wymieszaj to w mieszance razem z mieszanką lnu.
- Teraz wymieszaj olej, aminokwasy/tamari, sól/pieprz i przyprawy, aż dokładnie się połączą. W razie potrzeby dostosuj do smaku.
- Uformuj 6-8 klopsików, mocno pakując masę. Umieść na blasze do pieczenia.
- Piecz przez 15 minut, następnie ostrożnie przewróć i piecz przez kolejne 18-23 minut, aż będą złociste i jędrne. Spoko na Mr.

32.Pulpety z soczewicy, pistacji i shiitake

SKŁADNIKI:

- 3 szalotki, pokrojone w kostkę
- 2 łyżeczki oliwy z oliwek
- $\frac{1}{2}$ szklanki czarnej soczewicy, opłukanej
- 6 suszonych kapeluszy grzybów shiitake
- $\frac{1}{2}$ szklanki pistacji
- $\frac{1}{4}$ szklanki świeżej pietruszki, posiekanej
- $\frac{1}{4}$ szklanki witalnego glutenu pszennego
- 1 łyżka stołowa Ener-G, roztrzepana z $\frac{1}{8}$ szklanki wody
- 2 łyżeczki suszonej natartej szałwii
- $\frac{1}{2}$ łyżeczki soli
- $\frac{1}{4}$ łyżeczki mielonej papryki

INSTRUKCJE:

- Pokrojoną w kostkę szalotkę podsmażamy na oliwie na małym ogniu. Odłożyć na bok.
- Zagotuj trzy szklanki wody.
- Dodaj soczewicę i suszone kapelusze shiitake i przykryj garnek pokrywką, aby podczas gotowania mogło uchodzić trochę pary.
- Gotuj przez 18-20 minut, a następnie przelej je na sitko o drobnych oczkach, aby odsączyć i ostudzić.
- Usuń shiitake z soczewicy i pokrój ją w kostkę, odrzucając twarde łodygi.
- Umieść pistacje w robocie kuchennym i grubo je zmiel.
- Dodaj szalotki, soczewicę, pokrojone w kostkę kapelusze shiitake, pistacje i pietruszkę do miski i mieszaj, aż dobrze się połączą.
- Dodać witalny gluten pszenny i wymieszać.

- Dodaj mieszaninę woda/Energ-G i mieszaj przez około dwie minuty mocnym widelcem, aby umożliwić rozwinięcie się glutenu.
- Dodaj szałwię oraz sól i pieprz i mieszaj, aż dobrze się połączą.
- Aby usmażyć klopsiki, uformuj je w klopsiki, lekko ściskając mieszaninę podczas formowania.
- Smażyć na patelni z odrobiną oliwy z oliwek przez 2-3 minuty z każdej strony lub do momentu, aż lekko się zarumienią.

33. Wysokobiałkowe Wegańskie Klopsiki

SKŁADNIKI:

- 1 szklanka teksturowanego białka roślinnego
- ½ szklanki ugotowanej czerwonej fasoli
- 3 łyżki oleju
- 1 łyżka syropu klonowego
- 2 łyżki koncentratu pomidorowego
- 1 łyżka sosu sojowego
- 1 łyżka drożdży odżywczych
- ½ łyżeczki mielonego kminku
- Po ¼ łyżeczki: papryka mielona chili w proszku, czosnek w proszku, cebula w proszku, oregano
- ⅛ łyżeczki płynnego dymu
- ¼ szklanki wody lub soku z buraków
- ½ szklanki witalnego glutenu pszennego

INSTRUKCJE:

- Doprowadź garnek wody do wrzenia.
- Dodaj teksturowane białko roślinne i gotuj na wolnym ogniu przez 10-12 minut.
- Opróżnij TVP i przepłucz go kilka razy.
- Ściśnij TVP rękami, aby usunąć nadmiar wilgoci.
- W misce robota kuchennego dodaj ugotowaną fasolę, olej, syrop klonowy, koncentrat pomidorowy, sos sojowy, drożdże odżywcze, przyprawy, dym w płynie i wodę.
- Miksuj przez 20 sekund, zeskrobując boki i ponownie przetwarzaj, aż powstanie purée.
- Dodaj uwodniony TVP i przetwarzaj przez 7-10 sekund lub do momentu, aż TVP będzie dobrze posiekany.
- Przenieś mieszaninę do miski do mieszania i dodaj witalny gluten pszenny.

- Wymieszać, a następnie ugniatać rękoma przez 2-3 minuty, aby rozwinął się gluten.
- Podziel masę na 3 części i uformuj klopsiki.
- Ostrożnie zawiń każdy klopsik w pergamin, a następnie w folię aluminiową.
- Umieść owinięte klopsiki w szybkowarze i gotuj pod ciśnieniem przez 1,5 godziny.
- Po ugotowaniu rozpakuj klopsiki i pozwól im ostygnąć przez 10 minut.
- Klopsiki smażymy na odrobinie oleju na złoty kolor z każdej strony.
- Pulpety będą przechowywane w lodówce do 4 dni.

34. kulki tofu

SKŁADNIKI:

- 6 szklanek wody; wrzenie
- 5 filiżanek tofu; pokruszony
- 1 szklanka pełnoziarnistej bułki tartej
- ¼ szklanki tamari
- ¼ szklanki drożdży odżywczych
- ¼ szklanki masła orzechowego
- Zamiennik jajka na 1 jajko
- ½ szklanki cebuli; drobno posiekane
- 4 Ząbki czosnku; prasowany
- 1 łyżeczka tymianku
- 1 łyżeczka bazylii
- ¼ łyżeczki nasion selera
- ¼ łyżeczki goździków; grunt

INSTRUKCJE:

- Wrzuć wszystko oprócz 1 szklanki pokruszonego tofu do wrzącej wody. Naciśnij tofu.
- Dodaj pozostałe składniki do sprasowanego tofu i dobrze wymieszaj.
- Kształtuj uformuj kulki wielkości orzecha włoskiego i umieść je na dobrze naoliwionej blasze.
- Piec w temperaturze 350 stopni przez 20-25 minut lub do momentu, aż kulki będą twarde i brązowe.
- W razie potrzeby obróć je raz podczas pieczenia.

35.z Kalafiora, Fasoli i Szpinaku

SKŁADNIKI:

- 9 uncji ugotowanych różyczek kalafiora
- 7 uncji mrożonego posiekanego szpinaku, rozmrożonego
- 400g puszka czarnej fasoli, odsączonej
- 2 ząbki czosnku, zmiażdżone lub starte
- 2 łyżeczki sosu sojowego
- 1 łyżeczka mieszanki suszonych ziół

INSTRUKCJE:

- Ugotuj różyczki kalafiora w garnku z wrzącą wodą.
- Zetrzyj kalafior do miski, a następnie dodaj szpinak, fasolę, czosnek, sos sojowy i mieszankę ziół.
- Ugniataj mieszankę tłuczkiem do ziemniaków, aby uzyskać szorstką pastę.
- Zmiksuj płatki owsiane na drobny proszek, a następnie dodaj do miski i wymieszaj.
- Rzuć mieszaninę w kulki.
- Smaż kulki warzywne partiami na złoty kolor.

36. Wegańskie klopsiki z piekarnika

SKŁADNIKI:

- 1 łyżka mielonego siemienia lnianego
- ¼ szklanki + 3 łyżki bulionu warzywnego
- 1 duża cebula, obrana i pokrojona w ćwiartki
- 2 ząbki czosnku, obrane
- 1½ roślinnych klopsików mięsnych
- 1 szklanka bułki tartej
- ½ szklanki wegańskiego parmezanu
- 2 łyżki świeżej pietruszki, drobno posiekanej
- Sól i pieprz do smaku
- Olej do smażenia w sprayu

INSTRUKCJE:

- Dodaj cebulę i czosnek do robota kuchennego i zmiksuj na puree.
- Do dużej miski dodaj siemię lniane, ¼ szklanki bulionu warzywnego, puree z cebuli i czosnku, mięso roślinne Impossible klopsiki, bułkę tartą, wegański parmezan, natkę pietruszki oraz szczyptę soli i pieprzu. Dobrze wymieszaj, aby połączyć.
- Z wegańskiej mieszanki klopsików na 32 kulki.
- Umieść wegańskie klopsiki na wyłożonej papierem blasze do pieczenia i piecz w piekarniku przez około 10 minut lub do uzyskania złotego koloru.

37. Klopsiki z parmezanem z grzybami i orzechami nerkowca

SKŁADNIKI:

- 1 łyżka oliwy z oliwek
- 1 funt świeżych białych grzybów
- 1 szczypta soli
- 1 łyżka masła
- ½ szklanki drobno posiekanej cebuli
- 4 ząbki czosnku, posiekane
- ½ szklanki szybko gotujących się płatków owsianych
- 1 uncja parmezanu z nerkowca
- ½ szklanki bułki tartej
- ¼ szklanki posiekanej natki pietruszki
- 2 jajka, podzielone
- 1 łyżeczka soli
- świeżo zmielony czarny pieprz do smaku
- 1 szczypta pieprzu cayenne lub do smaku
- 1 szczypta suszonego oregano
- 3 szklanki sosu do makaronu
- 1 łyżka parmezanu z nerkowca
- 1 łyżka posiekanej natki pietruszki

INSTRUKCJE:

- Rozgrzej oliwę z oliwek na patelni na średnim ogniu.
- Na rozgrzany olej dodać grzyby, posypać solą i smażyć mieszając, aż płyn z grzybów odparuje.
- Wymieszaj masło z grzybami, zmniejsz ogień do średniego i gotuj i mieszaj grzyby na złoty kolor, około 5 minut

38. Klopsiki Cremini & Soczewica

SKŁADNIKI:

- 1 szklanka suszonej soczewicy
- $\frac{1}{4}$ szklanki oliwy z oliwek
- 1 cebula, około 1 szklanki posiekanej
- 8 uncji grzybów Cremini
- 3 ząbki czosnku, posiekane
- $1\frac{1}{2}$ szklanki bułki tartej Panko
- Szczypta włoskiej przyprawy i cayenne
- $2\frac{1}{2}$ łyżeczki soli, podzielone
- 2 jajka
- 1 szklanka wegańskiego parmezanu

INSTRUKCJE:

- W dużej misce wymieszaj połówki pomidorów wraz z 1 łyżeczką włoskiej przyprawy, 1 łyżeczką soli i $\frac{1}{4}$ szklanki oliwy z oliwek.
- Pulsuj grzyby w robocie kuchennym, aż będą mniej więcej wielkości grochu.
- Gdy olej się rozgrzeje, dodaj cebulę i smaż przez około 3 minuty, aż się zeszkli. Dodaj czosnek i grzyby pulsacyjne i smaż .
- W dużej misce wymieszaj mieszankę grzybów z soczewicy wraz z bułką tartą panko i przyprawami.
- Formuj kulki i piecz.

39. Klopsiki Cytrynowo-Oregano

SKŁADNIKI:

- 1 łyżka mielonego siemienia lnianego
- 1 łyżka oliwy z oliwek, plus dodatkowo
- 1 mała żółta cebula i 3 ząbki czosnku
- Szczypta oregano, cebula w proszku, Tamari
- ½ łyżeczki mielonego chilli
- sól morska i mielony czarny pieprz do smaku
- 1½ łyżki soku i skórki z cytryny
- 1 szklanka połówek orzechów włoskich
- ¾ szklanki płatków owsianych
- 1½ szklanki ugotowanej białej fasoli
- ¼ szklanki świeżej pietruszki i ¼ szklanki świeżego koperku

INSTRUKCJE:

- W małej misce wymieszaj zmielony len i wodę.
- Podsmaż cebulę i dodaj czosnek i oregano.
- Dodaj odżywcze drożdże, chili, cebulę w proszku, sól i pieprz na patelnię i mieszaj przez około 30 sekund.
- Wlać ich sok z cytryny.
- Pulsuj orzechy włoskie, fasolę i owies, aż uzyskasz gruby posiłek.
- Dodaj mieszankę żelu lnianego, smażoną cebulę i mieszankę czosnku, tamari, skórkę z cytryny, pietruszkę, koperek i duże szczypty soli i pieprzu.
- Uformować z niego kulę i piec klopsiki przez 25 minut.

40. Z Riracha Ciecierzycy Klopsikami

SKŁADNIKI:

- 1 łyżka siemienia lnianego
- 14-uncjowa puszka ciecierzycy, odsączona i wypłukana
- 1 ½ szklanki gotowanego farro
- ¼ szklanki staromodnego owsa
- 2 ząbki czosnku, przeciśnięte
- 1 łyżeczka drobno startego korzenia imbiru
- ½ łyżeczki soli
- 1 łyżka gorącego oleju sezamowego chili
- 1 łyżka srirachy

INSTRUKCJE:

- Rozgrzej piekarnik do 400 stopni Fahrenheita. Wyłóż blachę folią i odłóż na bok.
- Połącz mąkę z siemienia lnianego z 3 łyżkami wody; Skorpion.
- Odstawić na 5 minut, aby odpoczęło.
- Umieść ciecierzycę, farro, płatki owsiane, czosnek, imbir, sól, olej sezamowy i sriracha w misce dużego robota kuchennego lub blendera.
- Wlej pozostałe jajko lniane i pulsuj, aż składniki się połączą.
- Rozwałkuj mieszankę na kulki o pojemności jednej łyżki stołowej i upiecz.

41. Wegańskie Klopsiki Pieczarkowe

SKŁADNIKI:
- 1 łyżka mielonego siemienia lnianego
- 3 łyżki wody
- 4 uncje małego grzyba Bella
- ½ szklanki posiekanej cebuli
- 1 łyżka oliwy z oliwek podzielona
- ¼ łyżeczki soli
- 1 łyżka sosu sojowego
- 1 łyżka włoskiej przyprawy
- 1-uncjowa puszka odsączonej ciecierzycy
- 1 szklanka zwykłej bułki tartej
- 1 łyżka drożdży odżywczych

INSTRUKCJE:
- Pieczarki drobno posiekaj a cebulę pokrój w kostkę.
- Na średniej patelni rozgrzej 1 łyżkę oliwy z oliwek na średnim ogniu.
- Dodać pieczarki i cebulę i posypać ¼ łyżeczki soli.
- Smaż przez 5 minut lub do momentu, aż grzyby zmiękną.
- Dodaj sos sojowy i włoską przyprawę i gotuj jeszcze przez minutę.
- Połącz ciecierzycę, siemię lniane, bułkę tartą, odżywcze drożdże oraz smażoną cebulę i grzyby w robocie kuchennym ze standardową końcówką tnącą.
- Pulsuj, aż w większości się rozpadnie. Niektóre małe kawałki ciecierzycy lub grzyba powinny nadal istnieć.
- Czystymi rękami uformuj z klopsików 12 kulek wielkości piłki do ping-ponga.
- Piec przez 30 minut w piekarniku nagrzanym do 350 stopni.

42. Spaghetti z warzywami i klopsikami

SKŁADNIKI:
- 3 Cebula
- ½ funta Pieczarki, pokrojone
- 4 łyżki Oliwa z oliwek
- 1 puszka pomidorów
- 1 puszka koncentratu pomidorowego
- 1 Łodyga selera posiekana
- 3 Marchew, tarta
- 6 łyżek Masło
- 3 Jajka, ubite
- 1½ szklanki posiłku z macy
- 2 szklanki Ugotowanego zielonego groszku
- 1 łyżeczka soli
- ¼ łyżeczki pieprzu
- 1 funt Spaghetti, gotowane
- Tarty ser wegański

INSTRUKCJE:
- Pokrojoną w kostkę cebulę i pieczarki smażymy na oleju przez 10 minut.
- Dodaj pomidory, pastę pomidorową i oregano.
- Przykryć i gotować na małym ogniu przez 1 godzinę. Właściwa przyprawa.
- Gotuj posiekaną cebulę, seler i marchewkę na połowie masła przez 15 minut. Fajny.
- Dodaj jajka, 1 szklankę mąki z macy, groszek, sól i pieprz.
- Uformuj małe kulki i zanurz w pozostałej macy.
☑

43. Klopsiki Tempeh I Cebula

SKŁADNIKI:
Klopsik
- ½ małej czerwonej cebuli, posiekanej
- 8 uncji tempeh, posiekane
- 3 ząbki czosnku, posiekane
- 1 łyżka oleju, podzielona
- 3 łyżki zwykłego, niesłodzonego jogurtu wegańskiego
- ½ szklanki bułki tartej
- 1 łyżeczka drobnej soli morskiej

MIESZANKA PRZYPRAW TANDOORI:
- 1½ łyżeczki papryki
- ½ łyżeczki kolendry
- ½ łyżeczki imbiru
- ¼ łyżeczki kminku
- ¼ łyżeczki kardamonu
- ¼ łyżeczki kurkumy
- ¼ łyżeczki garam masali
- ¼ łyżeczki cayenne

INSTRUKCJE:
- Rozgrzej piekarnik do 375 stopni F (190 C) i wyłóż blachę do pieczenia papierem pergaminowym.
- W małej misce wymieszaj 8 składników tworzących mieszankę przypraw. Odłożyć na bok.
- Rozgrzej dużą patelnię sauté na średnim ogniu.
- Dodaj 1 łyżeczkę oleju i gotuj cebulę i tempeh przez 5 do 7 minut lub do momentu, aż tempeh będzie złoty.
- Zsuń tempeh i cebulę na jedną stronę patelni i dodaj pozostałe 2 łyżeczki oleju na drugą stronę patelni.
- Dodaj czosnek i mieszankę przypraw bezpośrednio do oleju.

- Wymieszaj, a następnie połącz z tempeh i cebulą.
- Często mieszając, gotuj przez 1 minutę i zdejmij z ognia.
- Przenieś mieszaninę tempeh do robota kuchennego.
- Pulsuj 5 lub 6 razy lub do momentu, aż w większości zostaną posiekane i jednolite.
- Dodaj bułkę tartą, sól i jogurt i mieszaj, aż dobrze się połączą.
- Użyj łyżki lub małej miarki do ciastek, aby porcjować klopsiki.
- Rozwałkować między dłońmi i ułożyć na wyłożonej papierem do pieczenia blasze.
- Piecz przez 25 do 28 minut, przewracając w połowie pieczenia.

44. Pulpety Z Soczewicy I Pieczarek

SKŁADNIKI:

- 1 szklanka ugotowanej soczewicy
- 1 szklanka pieczarek, drobno posiekanych
- 1/2 szklanki bułki tartej
- 1/4 szklanki tartego parmezanu
- 1 mała cebula, drobno posiekana
- 2 ząbki czosnku, posiekane
- 1 łyżka posiekanej świeżej pietruszki
- 1 łyżeczka suszonego oregano
- Sól i pieprz do smaku
- 1 jajko, ubite

INSTRUKCJE:

- W dużej misce połącz wszystkie składniki i dobrze wymieszaj.
- Uformuj z mieszanki małe klopsiki.
- Rozgrzej trochę oleju na patelni na średnim ogniu.
- Gotuj klopsiki, aż się zrumienią i ugotują, około 10-12 minut.
- Podawaj z ulubionym sosem lub makaronem.

45. Klopsiki ze słodkich ziemniaków i czarnej fasoli

SKŁADNIKI:

2 szklanki puree ze słodkich ziemniaków
1 szklanka ugotowanej czarnej fasoli, odsączonej i opłukanej
1/2 szklanki bułki tartej
1/4 szklanki posiekanej zielonej cebuli
2 ząbki czosnku, posiekane
1 łyżeczka mielonego kminku
1/2 łyżeczki wędzonej papryki
Sól i pieprz do smaku
1 jajko, ubite

INSTRUKCJE:

W dużej misce połącz wszystkie składniki i dobrze wymieszaj.

Uformuj z mieszaniny klopsiki i umieść je na blasze do pieczenia.

Piec w nagrzanym piekarniku do 190°C przez 20-25 minut lub do zrumienienia i chrupkości.

Podawać z pieczonymi warzywami lub w kanapce.

46. Pulpety Z Kalafiora I Ciecierzycy

SKŁADNIKI:

2 szklanki różyczek kalafiora, gotowanych na parze i drobno posiekanych
1 szklanka ugotowanej ciecierzycy, rozgniecionej
1/2 szklanki bułki tartej
1/4 szklanki tartego parmezanu
1 mała cebula, drobno posiekana
2 ząbki czosnku, posiekane
1 łyżka posiekanej świeżej kolendry
1 łyżeczka mielonego kminku
Sól i pieprz do smaku
1 jajko, ubite

INSTRUKCJE:

W dużej misce połącz wszystkie składniki i dobrze wymieszaj.

Z masy uformować klopsiki i ułożyć je na natłuszczonej blasze do pieczenia.

Piec w nagrzanym piekarniku w temperaturze 375°F (190°C) przez 20-25 minut lub do uzyskania złotego koloru.

Podawaj z ulubionym sosem lub jako dodatek do sałatek.

47. Klopsiki z cukinii i komosy ryżowej

SKŁADNIKI:

2 szklanki startej cukinii
1 szklanka ugotowanej komosy ryżowej
1/2 szklanki bułki tartej
1/4 szklanki tartego parmezanu
1 mała cebula, drobno posiekana
2 ząbki czosnku, posiekane
1 łyżka posiekanej świeżej bazylii
1 łyżeczka suszonego oregano
Sól i pieprz do smaku
1 jajko, ubite

INSTRUKCJE:

Umieść startą cukinię w czystym ręczniku kuchennym i odciśnij nadmiar wilgoci.

W dużej misce wymieszaj cukinię, komosę ryżową, bułkę tartą, parmezan, cebulę, czosnek, bazylię, oregano, sól, pieprz i jajko. Dobrze wymieszaj.

Uformuj z mieszaniny klopsiki i umieść je na blasze do pieczenia.

Piec w nagrzanym piekarniku w temperaturze 375°F (190°C) przez 20-25 minut lub do uzyskania złotego koloru.

Podawaj z sosem marinara lub delektuj się nimi w kanapce.

48. Pulpety ze szpinaku i fety

SKŁADNIKI:

2 szklanki posiekanego szpinaku, ugotowanego i odsączonego
1 szklanka pokruszonego sera feta
1/2 szklanki bułki tartej
1/4 szklanki posiekanego świeżego koperku
2 ząbki czosnku, posiekane
1 mała cebula, drobno posiekana
1/4 łyżeczki gałki muszkatołowej
Sól i pieprz do smaku
1 jajko, ubite

INSTRUKCJE:

W dużej misce połącz wszystkie składniki i dobrze wymieszaj.

Uformuj z mieszaniny klopsiki i umieść je na blasze do pieczenia.

Piec w nagrzanym piekarniku w temperaturze 375°F (190°C) przez 20-25 minut lub do uzyskania złotego koloru.

Podawać z sosem tzatziki i chlebem pita.

49. Klopsiki z brokułów i cheddaru

SKŁADNIKI:

2 szklanki drobno posiekanych różyczek brokułów, ugotowanych na parze i odsączonych
1 szklanka rozdrobnionego sera cheddar
1/2 szklanki bułki tartej
1/4 szklanki tartego parmezanu
1 mała cebula, drobno posiekana
2 ząbki czosnku, posiekane
1 łyżka posiekanej świeżej pietruszki
Sól i pieprz do smaku
1 jajko, ubite

INSTRUKCJE:

W dużej misce połącz wszystkie składniki i dobrze wymieszaj.

Uformuj z mieszaniny klopsiki i umieść je na blasze do pieczenia.

Piec w nagrzanym piekarniku w temperaturze 375°F (190°C) przez 20-25 minut lub do uzyskania złotego koloru.

Podawać z sosem marinara lub jako dodatek do dania głównego.

50. Klopsiki Z Marchewki I Ciecierzycy

SKŁADNIKI:

2 szklanki startej marchwi
1 szklanka ugotowanej ciecierzycy, rozgniecionej
1/2 szklanki bułki tartej
1/4 szklanki posiekanej świeżej pietruszki
2 ząbki czosnku, posiekane
1 mała cebula, drobno posiekana
1 łyżeczka mielonego kminku
1/2 łyżeczki mielonej kolendry
Sól i pieprz do smaku
1 jajko, ubite

INSTRUKCJE:

W dużej misce połącz wszystkie składniki i dobrze wymieszaj.

Uformuj z mieszanki klopsiki i umieść je na natłuszczonej blasze do pieczenia.

Piec w nagrzanym piekarniku do 190°C przez 20-25 minut lub do zrumienienia i chrupkości.

Podawać z sosem jogurtowym lub kuskusem.

51. Pulpety Z Pieczarek I Orzechów

SKŁADNIKI:

2 szklanki pieczarek, drobno posiekanych
1 szklanka orzechów włoskich, drobno posiekanych
1/2 szklanki bułki tartej
1/4 szklanki tartego parmezanu
1 mała cebula, drobno posiekana
2 ząbki czosnku, posiekane
1 łyżka posiekanego świeżego tymianku
Sól i pieprz do smaku
1 jajko, ubite

INSTRUKCJE:

W dużej misce połącz wszystkie składniki i dobrze wymieszaj.

Uformuj z mieszaniny klopsiki i umieść je na blasze do pieczenia.

Piec w nagrzanym piekarniku w temperaturze 375°F (190°C) przez 20-25 minut lub do uzyskania złotego koloru.

Podawać z kremowym sosem grzybowym lub z makaronem.

52. Pulpety Z Buraków I Quinoa

SKŁADNIKI:

2 szklanki startych buraków
1 szklanka ugotowanej komosy ryżowej
1/2 szklanki bułki tartej
1/4 szklanki posiekanej świeżej pietruszki
2 ząbki czosnku, posiekane
1 mała cebula, drobno posiekana
1 łyżeczka mielonego kminku
Sól i pieprz do smaku
1 jajko, ubite

INSTRUKCJE:

W dużej misce połącz wszystkie składniki i dobrze wymieszaj.

Uformuj z mieszaniny klopsiki i umieść je na blasze do pieczenia.

Piec w nagrzanym piekarniku do 190°C przez 20-25 minut lub do zrumienienia i chrupkości.

Podawać z pikantnym sosem jogurtowym lub w sałatce.

53. Klopsiki z Quinoa i Kukurydzy

SKŁADNIKI:
2 szklanki ugotowanej komosy ryżowej
1 szklanka ziaren kukurydzy
1/2 szklanki bułki tartej
1/4 szklanki tartego parmezanu
1 mała cebula, drobno posiekana
2 ząbki czosnku, posiekane
1 łyżka posiekanej świeżej kolendry
1 łyżeczka mielonego kminku
Sól i pieprz do smaku
1 jajko, ubite

INSTRUKCJE:

W dużej misce połącz wszystkie składniki i dobrze wymieszaj.

Uformuj z mieszanki klopsiki i umieść je na natłuszczonej blasze do pieczenia.

Piec w nagrzanym piekarniku w temperaturze 375°F (190°C) przez 20-25 minut lub do uzyskania złotego koloru.

Podawać z salsą lub jako nadzienie do tacos.

54. Klopsiki Z Bakłażana I Ciecierzycy

SKŁADNIKI:

2 szklanki gotowanego bakłażana, puree
1 szklanka ugotowanej ciecierzycy, rozgniecionej
1/2 szklanki bułki tartej
1/4 szklanki tartego parmezanu
1 mała cebula, drobno posiekana
2 ząbki czosnku, posiekane
1 łyżka posiekanej świeżej bazylii
1 łyżeczka suszonego oregano
Sól i pieprz do smaku
1 jajko, ubite

INSTRUKCJE:

W dużej misce połącz wszystkie składniki i dobrze wymieszaj.

Uformuj z mieszaniny klopsiki i umieść je na blasze do pieczenia.

Piec w nagrzanym piekarniku w temperaturze 375°F (190°C) przez 20-25 minut lub do zrumienienia i chrupkości.

Podawać z sosem marinara i spaghetti.

55. Pulpety Ziemniaczane I Grochowe

SKŁADNIKI:

2 szklanki puree ziemniaczanego
1 szklanka ugotowanego groszku
1/2 szklanki bułki tartej
1/4 szklanki tartego parmezanu
1 mała cebula, drobno posiekana
2 ząbki czosnku, posiekane
1 łyżka posiekanej świeżej mięty
Sól i pieprz do smaku
1 jajko, ubite

INSTRUKCJE:

W dużej misce połącz wszystkie składniki i dobrze wymieszaj.

Uformuj z mieszanki klopsiki i umieść je na natłuszczonej blasze do pieczenia.

Piec w nagrzanym piekarniku w temperaturze 375°F (190°C) przez 20-25 minut lub do uzyskania złotego koloru.

Podawać z miętowym sosem jogurtowym lub jako dodatek do dania głównego.

56. Klopsiki z kukurydzy i czerwonej papryki

SKŁADNIKI:

2 szklanki ziaren kukurydzy
1 szklanka pieczonej czerwonej papryki, posiekanej
1/2 szklanki bułki tartej
1/4 szklanki posiekanej świeżej kolendry
2 ząbki czosnku, posiekane
1 mała cebula, drobno posiekana
1 łyżeczka mielonego kminku
1/2 łyżeczki wędzonej papryki
Sól i pieprz do smaku
1 jajko, ubite

INSTRUKCJE:

W dużej misce połącz wszystkie składniki i dobrze wymieszaj.

Uformuj z mieszaniny klopsiki i umieść je na blasze do pieczenia.

Piec w nagrzanym piekarniku w temperaturze 375°F (190°C) przez 20-25 minut lub do uzyskania złotego koloru.

Podawać z sosem chipotle majonezowym lub w opakowaniu.

57. Pulpety Z Dyni Piżmowej I Szałwii

SKŁADNIKI:

2 szklanki ugotowanej dyni piżmowej, puree
1 szklanka bułki tartej
1/4 szklanki tartego parmezanu
1 mała cebula, drobno posiekana
2 ząbki czosnku, posiekane
1 łyżka posiekanej świeżej szałwii
Sól i pieprz do smaku
1 jajko, ubite

INSTRUKCJE:

W dużej misce połącz wszystkie składniki i dobrze wymieszaj.

Uformuj z mieszanki klopsiki i umieść je na natłuszczonej blasze do pieczenia.

Piec w nagrzanym piekarniku do 190°C przez 20-25 minut lub do zrumienienia i chrupkości.

Podawać z kremowym sosem Alfredo lub jako dodatek do dania głównego.

58. Klopsiki z jarmużu i białej fasoli

SKŁADNIKI:

2 szklanki posiekanego jarmużu, blanszowanego i odsączonego
1 szklanka ugotowanej białej fasoli, zmiksowanej
1/2 szklanki bułki tartej
1/4 szklanki posiekanej świeżej pietruszki
2 ząbki czosnku, posiekane
1 mała cebula, drobno posiekana
1 łyżeczka suszonego oregano
Sól i pieprz do smaku
1 jajko, ubite

INSTRUKCJE:

W dużej misce połącz wszystkie składniki i dobrze wymieszaj.
Uformuj z mieszaniny klopsiki i umieść je na blasze do pieczenia.
Piec w nagrzanym piekarniku w temperaturze 375°F (190°C) przez 20-25 minut lub do uzyskania złotego koloru.
Podawać z sosem marinara lub w opakowaniu.

59. Klopsiki z komosy ryżowej i szpinaku

SKŁADNIKI:
2 szklanki ugotowanej komosy ryżowej
1 szklanka posiekanego szpinaku
1/2 szklanki bułki tartej
1/4 szklanki tartego parmezanu
1 mała cebula, drobno posiekana
2 ząbki czosnku, posiekane
1 łyżka posiekanej świeżej bazylii
Sól i pieprz do smaku
1 jajko, ubite

INSTRUKCJE:

W dużej misce połącz wszystkie składniki i dobrze wymieszaj.

Z masy uformować klopsiki i ułożyć je na natłuszczonej blasze do pieczenia.

Piec w nagrzanym piekarniku w temperaturze 375°F (190°C) przez 20-25 minut lub do uzyskania złotego koloru.

Podawać z sosem marinara lub na łożu spaghetti.

60. Klopsiki z kalafiora i komosy ryżowej

SKŁADNIKI:

2 szklanki drobno posiekanych różyczek kalafiora, ugotowanych na parze i odsączonych
1 szklanka ugotowanej komosy ryżowej
1/2 szklanki bułki tartej
1/4 szklanki tartego parmezanu
1 mała cebula, drobno posiekana
2 ząbki czosnku, posiekane
1 łyżka posiekanej świeżej pietruszki
Sól i pieprz do smaku
1 jajko, ubite

INSTRUKCJE:

W dużej misce połącz wszystkie składniki i dobrze wymieszaj.

Uformuj z mieszanki klopsiki i umieść je na natłuszczonej blasze do pieczenia.

Piec w nagrzanym piekarniku w temperaturze 375°F (190°C) przez 20-25 minut lub do uzyskania złotego koloru.

Podawaj z ulubionym sosem lub jako wegetariańskie nadzienie do kanapek.

61. Pulpety Z Ciecierzycy I Szpinaku

SKŁADNIKI:

2 szklanki ugotowanej ciecierzycy, zmiksowanej
1 szklanka posiekanego szpinaku
1/2 szklanki bułki tartej
1/4 szklanki tartego parmezanu
1 mała cebula, drobno posiekana
2 ząbki czosnku, posiekane
1 łyżka posiekanej świeżej kolendry
1 łyżeczka mielonego kminku
Sól i pieprz do smaku
1 jajko, ubite

INSTRUKCJE:

W dużej misce połącz wszystkie składniki i dobrze wymieszaj.

Uformuj z mieszanki klopsiki i umieść je na natłuszczonej blasze do pieczenia.

Piec w nagrzanym piekarniku do 190°C przez 20-25 minut lub do zrumienienia i chrupkości.

Podawać z sosem na bazie jogurtu lub w kieszonce pita.

62. Klopsiki ze słodkich ziemniaków i ciecierzycy

SKŁADNIKI:

2 szklanki puree ze słodkich ziemniaków
1 szklanka ugotowanej ciecierzycy, rozgniecionej
1/2 szklanki bułki tartej
1/4 szklanki posiekanej świeżej kolendry
2 ząbki czosnku, posiekane
1 mała cebula, drobno posiekana
1 łyżeczka mielonego kminku
1/2 łyżeczki wędzonej papryki
Sól i pieprz do smaku
1 jajko, ubite

INSTRUKCJE:

W dużej misce połącz wszystkie składniki i dobrze wymieszaj.

Uformuj z mieszaniny klopsiki i umieść je na blasze do pieczenia.

Piec w nagrzanym piekarniku w temperaturze 375°F (190°C) przez 20-25 minut lub do uzyskania złotego koloru.

Podawać z pikantnym sosem do maczania lub w wrapie ze świeżymi warzywami.

63.Pulpety Z Pieczarek I Soczewicy

SKŁADNIKI:

2 szklanki drobno posiekanych grzybów
1 szklanka ugotowanej soczewicy
1/2 szklanki bułki tartej
1/4 szklanki tartego parmezanu
1 mała cebula, drobno posiekana
2 ząbki czosnku, posiekane
1 łyżka posiekanego świeżego tymianku
Sól i pieprz do smaku
1 jajko, ubite

INSTRUKCJE:

W dużej misce połącz wszystkie składniki i dobrze wymieszaj.

Uformuj z mieszaniny klopsiki i umieść je na blasze do pieczenia.

Piec w nagrzanym piekarniku w temperaturze 375°F (190°C) przez 20-25 minut lub do zrumienienia i ugotowania.

Podawać z kremowym sosem grzybowym lub jako dodatek do dania głównego.

64. Pulpety Z Marchewki I Cukinii

SKŁADNIKI:

1 szklanka startej marchwi
1 szklanka startej cukinii
1/2 szklanki bułki tartej
1/4 szklanki tartego parmezanu
1 mała cebula, drobno posiekana
2 ząbki czosnku, posiekane
1 łyżka posiekanej świeżej pietruszki
Sól i pieprz do smaku
1 jajko, ubite

INSTRUKCJE:

W dużej misce połącz wszystkie składniki i dobrze wymieszaj.

Uformuj z mieszaniny klopsiki i umieść je na blasze do pieczenia.

Piec w nagrzanym piekarniku w temperaturze 375°F (190°C) przez 20-25 minut lub do uzyskania złotego koloru.

Podawać z sosem marinara lub w smażonym warzywie.

65. Klopsiki z quinoa i grzybami

SKŁADNIKI:

2 szklanki ugotowanej komosy ryżowej
1 szklanka drobno posiekanych grzybów
1/2 szklanki bułki tartej
1/4 szklanki tartego parmezanu
1 mała cebula, drobno posiekana
2 ząbki czosnku, posiekane
1 łyżka posiekanego świeżego rozmarynu
Sól i pieprz do smaku
1 jajko, ubite

INSTRUKCJE:

W dużej misce połącz wszystkie składniki i dobrze wymieszaj.

Uformuj z mieszaniny klopsiki i umieść je na blasze do pieczenia.

Piec w nagrzanym piekarniku do 190°C przez 20-25 minut lub do zrumienienia i chrupkości.

Podawać z sosem grzybowym lub jako dodatek do miseczek quinoa.

66. Klopsiki z czarnej fasoli i kukurydzy

SKŁADNIKI:

1 szklanka ugotowanej czarnej fasoli, zmiksowanej
1 szklanka ziaren kukurydzy
1/2 szklanki bułki tartej
1/4 szklanki posiekanej świeżej kolendry
1 mała cebula, drobno posiekana
2 ząbki czosnku, posiekane
1 łyżeczka mielonego kminku
1/2 łyżeczki chili w proszku
Sól i pieprz do smaku
1 jajko, ubite

INSTRUKCJE:

W dużej misce połącz wszystkie składniki i dobrze wymieszaj.

Uformuj z mieszaniny klopsiki i umieść je na blasze do pieczenia.

Piec w nagrzanym piekarniku w temperaturze 375°F (190°C) przez 20-25 minut lub do uzyskania złotego koloru.

Podawaj z pikantną salsą z awokado lub w inspirowanej kuchnią meksykańską misce zbożowej.

67. Klopsiki z Brokułami I Serem Cheddar

SKŁADNIKI:
2 szklanki drobno posiekanych różyczek brokułów, ugotowanych na parze i odsączonych
1 szklanka rozdrobnionego sera cheddar
1/2 szklanki bułki tartej
1/4 szklanki tartego parmezanu
1 mała cebula, drobno posiekana
2 ząbki czosnku, posiekane
1 łyżka posiekanej świeżej pietruszki
Sól i pieprz do smaku
1 jajko, ubite

INSTRUKCJE:

W dużej misce połącz wszystkie składniki i dobrze wymieszaj.

Uformuj z mieszaniny klopsiki i umieść je na blasze do pieczenia.

Piec w nagrzanym piekarniku w temperaturze 375°F (190°C) przez 20-25 minut lub do uzyskania złotego koloru.

Podawać z sosem marinara lub jako dodatek do dania głównego.

68. Pulpety Z Kalafiora I Sera

SKŁADNIKI:

2 szklanki drobno posiekanych różyczek kalafiora, ugotowanych na parze i odsączonych
1 szklanka bułki tartej
1/2 szklanki tartego parmezanu
1 mała cebula, drobno posiekana
2 ząbki czosnku, posiekane
1 łyżka posiekanego świeżego tymianku
Sól i pieprz do smaku
1 jajko, ubite

INSTRUKCJE:

W dużej misce połącz wszystkie składniki i dobrze wymieszaj.
Uformuj z mieszaniny klopsiki i umieść je na blasze do pieczenia.
Piec w nagrzanym piekarniku w temperaturze 375°F (190°C) przez 20-25 minut lub do uzyskania złotego koloru.
Podawać z kremowym sosem serowym lub jako wegetariańska przystawka.

69. Pulpety Pieczarkowo-Orzechowe Z Rozmarynem

SKŁADNIKI:

2 szklanki drobno posiekanych grzybów
1 szklanka orzechów włoskich, drobno posiekanych
1/2 szklanki bułki tartej
1/4 szklanki tartego parmezanu
1 mała cebula, drobno posiekana
2 ząbki czosnku, posiekane
1 łyżka posiekanego świeżego rozmarynu
Sól i pieprz do smaku
1 jajko, ubite

INSTRUKCJE:

W dużej misce połącz wszystkie składniki i dobrze wymieszaj.
Uformuj z mieszaniny klopsiki i umieść je na blasze do pieczenia.
Piec w nagrzanym piekarniku w temperaturze 375°F (190°C) przez 20-25 minut lub do uzyskania złotego koloru.
Podawać z kremowym sosem grzybowym lub jako dodatek do pieczonych warzyw.

PASZTETKI WARZYWNE

70.Burgery Z Czerwonych Buraków Z Rukolą

SKŁADNIKI:

- 15 uncji puszki jasnoczerwonej fasoli
- 2 ½ łyżki oliwy z oliwek z pierwszego tłoczenia
- 2 ½ *uncji* grzybów Cremini
- 1 czerwona cebula
- ½ szklanki ugotowanego brązowego ryżu
- ¾ szklanki surowych buraków
- 1/3 szklanki nasion konopi
- 1 łyżeczka mielonego czarnego pieprzu
- ½ łyżeczki soli morskiej
- ½ łyżeczki mielonych nasion kolendry
- ½ łyżeczki sosu Worcestershire
- 1 wegański zamiennik jajka
- 4 kubki Organic Baby Arugula
- 2 łyżeczki białego octu balsamicznego

INSTRUKCJE:

- Rozgrzej piekarnik do 375 ° F. Zmiel dobrze fasolę w misce do mieszania i odłóż na bok.
- Podgrzej 1 łyżkę oleju na nieprzywierającej patelni na średnim poziomie.
- Dodaj grzyby i trzy czwarte cebuli i smaż, aż zmiękną, około 8 minut.
- Przenieś mieszankę warzywną do miski z fasolą. Wymieszaj ryż, buraki, nasiona konopi, pieprz, sól, kolendrę i sos Worcestershire, aż się połączą.
- Dodaj wegański zamiennik jajka i mieszaj, aż dobrze się połączy.
- Uformuj z mieszanki cztery kulki i umieść na niebielonej blasze wyłożonej papierem do pieczenia. Rozłóż palcami na cztery placki.

- Opuszkami palców lekko natrzyj wierzch kotletów ½ łyżki oleju.
- Piec przez 1 godzinę. Bardzo delikatnie odwróć każdego burgera i piecz, aż będzie chrupiący, jędrny i zrumieniony, około 20 minut dłużej.
- Odstaw na co najmniej 5 minut, aby zakończyć proces gotowania.
- Wrzuć rukolę z octem i pozostałą 1 łyżką oleju i ułóż na wierzchu każdego burgera.
- Posyp pozostałą cebulą i podawaj.

71. Paszteciki Pecan-Soczewica

SKŁADNIKI:

- 1 1/2 szklanki ugotowanej brązowej soczewicy
- 1/2 szklanki mielonych orzechów pekan
- 1/2 szklanki staromodnego owsa
- 1/4 szklanki suchego niesezonowanego panko
- 1/4 szklanki glutenu pszennego
- 1/2 szklanki posiekanej cebuli
- 1/4 szklanki posiekanej świeżej pietruszki
- 1 łyżeczka musztardy Dijon
- 1/2 łyżeczki soli
- 1/8 łyżeczki świeżo zmielonego pieprzu
- 2 łyżki oliwy z oliwek
- Liście sałaty, pomidor krojony, cebula czerwona krojona, przyprawy do wyboru

INSTRUKCJE:

- W robocie kuchennym połącz soczewicę, orzechy pekan, owies, panko , mąkę, cebulę, pietruszkę, musztardę, sól i pieprz.
- Pulsuj, aby połączyć, pozostawiając trochę tekstury.
- Uformuj mieszankę soczewicy w 4 do 6 burgerów.
- Na patelni rozgrzej olej przegrzany.
- Dodaj hamburgery i smaż na złoty kolor, około 5 minut z każdej strony.
- Burgery podawaj z sałatą, plastrami pomidora, cebulą i dodatkami do wyboru.

72. Burgery z czarną fasolą

SKŁADNIKI:

- 3 łyżki oliwy z oliwek
- 1/2 szklanki posiekanej cebuli
- 1 ząbek czosnku, posiekany
- 1 1/2 szklanki czarnej fasoli
- 1 łyżka posiekanej świeżej pietruszki
- 1/2 szklanki suchego niesezonowanego panko
- 1/4 szklanki glutenu pszennego
- 1 łyżeczka wędzonej papryki
- 1/2 łyżeczki suszonego tymianku
- Sól i świeżo mielony czarny pieprz
- 4 liście sałaty
- 1 dojrzały pomidor, pokrojony w plastry o grubości 1/4 cala

INSTRUKCJE:

- Na patelni rozgrzać 1 łyżkę oleju i przegrzać. Dodaj cebulę i czosnek i gotuj, aż zmiękną, około 5 minut.
- Przenieś mieszankę cebuli do robota kuchennego. Dodać fasolę, natkę pietruszki, panko, mąkę, paprykę, tymianek, sól i pieprz do smaku. Przetwarzaj, aż dobrze się połączy, pozostawiając trochę tekstury. Z masy uformować 4 równe placki i wstawić do lodówki na 20 minut.
- Na patelni rozgrzej pozostałe 2 łyżki oleju. Dodaj hamburgery i smaż do zrumienienia z obu stron, obracając raz, około 5 minut z każdej strony.
- Burgery podawaj z sałatą i plastrami pomidora.

73.Pasztet Owsiano-Warzywny

SKŁADNIKI:

- 2 łyżki plus 1 łyżeczka oliwy z oliwek
- 1 cebula, posiekana
- 1 marchewka, starta
- 1 szklanka niesolonych mieszanych orzechów
- 1/4 szklanki glutenu pszennego
- 1/2 szklanki staromodnego owsa, plus więcej w razie potrzeby
- 2 łyżki kremowego masła orzechowego
- 2 łyżki posiekanej świeżej pietruszki
- 1/2 łyżeczki soli
- 1/4 łyżeczki świeżo zmielonego czarnego pieprzu
- 4 liście sałaty
- 1 dojrzały pomidor, pokrojony w plastry o grubości 1/4 cala

INSTRUKCJE:

- Na patelni rozgrzej 1 łyżeczkę przegrzanego oleju. Dodać cebulę i gotować do miękkości, około 5 minut. Wmieszaj marchewkę i odłóż na bok.
- W robocie kuchennym zmiel orzechy, aż zostaną posiekane.
- Dodaj mieszankę cebulowo-marchewkową wraz z mąką, płatkami owsianymi, masłem orzechowym, pietruszką, solą i pieprzem. Przetwarzaj, aż dobrze się wymiesza.
- Z masy uformować 4 równe placki o średnicy około 4 cm.
- Na patelni rozgrzać pozostałe 2 łyżki oleju, dodać burgery i smażyć do zrumienienia z obu stron, około 5 minut z każdej strony.
- Burgery podawaj z sałatą i plastrami pomidora.

74. Paszteciki z białej fasoli i orzechów włoskich

SKŁADNIKI:

- 1/4 szklanki pokrojonej w kostkę cebuli
- 1 ząbek czosnku, rozgnieciony
- 1 szklanka kawałków orzecha włoskiego
- 1 szklanka konserwowanej lub gotowanej białej fasoli
- 1 szklanka mąki pszennej glutenowej
- 2 łyżki posiekanej świeżej pietruszki
- 1 łyżka sosu sojowego
- 1 łyżeczka musztardy Dijon i więcej do podania
- 1/2 łyżeczki soli
- 1/2 łyżeczki mielonej szałwii
- 1/2 łyżeczki słodkiej papryki
- 1/4 łyżeczki kurkumy
- 1/4 łyżeczki świeżo zmielonego czarnego pieprzu
- 2 łyżki oliwy z oliwek
- Liście sałaty i pokrojone pomidory

INSTRUKCJE:

- W robocie kuchennym połącz cebulę, czosnek i orzechy włoskie i miksuj, aż zostaną drobno zmielone.
- Gotuj fasolę na patelni na ogniu, mieszając, przez 1 do 2 minut, aby odparowała wilgoć.
- Dodaj fasolę do robota kuchennego wraz z mąką, pietruszką, sosem sojowym, musztardą, solą, szałwią, papryką, kurkumą i pieprzem.
- Przetwarzaj, aż dobrze się wymiesza. Z masy uformować 4 równe placki.
- Na patelni rozgrzej olej przegrzany.
- Dodaj placki i smaż do zarumienienia z obu stron, około 5 minut z każdej strony.
- Podawać z sałatą i pokrojonymi pomidorami.

75. Burgery z fasoli Garbanzo

SKŁADNIKI:

- 2 szklanki Rozgniecionej fasoli garbanzo
- 1 szt Seler naciowy, drobno posiekany
- 1 marchewka, drobno posiekana
- ¼ cebuli, posiekanej
- ¼ szklanki mąki pełnoziarnistej
- Sól i pieprz do smaku
- 2 łyżeczki oleju

INSTRUKCJE:

- Wymieszaj składniki (oprócz oleju) w misce. Uformować 6 płaskich kotletów.
- Smażymy na patelni z olejem na średnim ogniu, aż burgery będą złociste z każdej strony.

76.Wegetariański pasztet z soczewicy bulgur

SKŁADNIKI:

- 2 szklanki ugotowanej soczewicy
- 1 szklanka Wędzonych Pieczarek Portobello,
- 1 szklanka pszenicy bulgur
- 2 ząbki pieczonego czosnku,
- 1 łyżka Worcestershire
- 2 łyżki oleju z orzechów włoskich
- $\frac{1}{4}$ łyżeczki estragonu, posiekanego
- Sól i pieprz do smaku

INSTRUKCJE:

- Przygotuj grill opalany drewnem lub węglem drzewnym i pozwól mu się wypalić.
- W misce zmiksuj soczewicę na gładką masę.
- Dodaj wszystkie składniki i mieszaj, aż dokładnie się połączą.
- Przechowywać w lodówce przez co najmniej 2 godziny. Uformować burgery.
- Posmaruj burgery oliwą z oliwek i grilluj przez 6 minut z każdej strony lub do momentu, aż będą gotowe.
- Podawaj gorące z ulubionymi dodatkami.

77.Pasztet z tofu z grzybami

SKŁADNIKI:

- ½ szklanki płatków owsianych
- 1¼ szklanki grubo posiekanych migdałów
- 1 łyżka oliwy z oliwek lub oleju rzepakowego
- ½ szklanki posiekanej zielonej cebuli
- 2 łyżeczki mielonego czosnku
- 1½ szklanki posiekanego Cremini
- ½ szklanki Ugotowanego brązowego basmati
- ⅓ szklanki wegańskiego sera cheddar
- ⅔ szklanki Rozgniecione twarde tofu
- 1 wegański zamiennik jajka
- 3 łyżki posiekanej natki pietruszki
- ½ szklanki suchego panko
- 6 plasterków Świeża mozzarella, wedle uznania

INSTRUKCJE:

- Na patelni rozgrzej olej i podsmaż cebulę, czosnek i pieczarki, aż się zeszklą.
- Dodaj płatki owsiane i gotuj dalej przez kolejne 2 minuty, ciągle mieszając.
- Połącz mieszankę cebuli z ryżem, wegańskim serem, tofu i wegańskim zamiennikiem jajka.
- Pietruszka, panko i migdały i wymieszaj, aby połączyć. Doprawić do smaku solą i pieprzem.
- Uformować 6 kotletów i smażyć lub podpiekać, aż będą złociste i chrupiące na zewnątrz.
- Na wierzchu połóż plaster świeżej mozzarelli i świeżą salsę.

78. Pasztet Z Soczewicy, Grochu I Marchewki

SKŁADNIKI:

- ½ Posiekanej Cebuli
- ½ szklanki gotowanej zielonej soczewicy
- ⅓ szklanki Ugotowanego groszku
- 1 starta marchewka
- 1 łyżka posiekanej świeżej pietruszki
- 1 łyżeczka Tamary
- 2 szklanki panko
- ¼ szklanki mąki
- 1 wegański zamiennik jajka

INSTRUKCJE:

- Podsmaż cebulę do miękkości. Wymieszaj wszystkie składniki oprócz mąki i pozostaw do ostygnięcia. Z masy uformuj kotlety i zrumień na patelni.
- Gotowanie zielonej soczewicy z suchej trwa około godziny, ale dobrze się zamraża, więc zrób od razu dużą pęczek.

79. Szybkie kotleciki warzywne

SKŁADNIKI:

- 10 uncji Warzywa mieszane, mrożone
- 1 wegański zamiennik jajka
- szczypta Sól i pieprz
- ½ szklanki Grzyby, świeże, posiekane
- ½ szklanki panko
- 1 cebula, pokrojona w plasterki

INSTRUKCJE:

- Rozgrzej piekarnik do 350 stopni.
- Warzywa gotujemy na parze do miękkości
- Odłóż na bok jest fajne.
- Drobno posiekaj warzywa gotowane na parze i wymieszaj z wegańskim jajkiem, solą, pieprzem, pieczarkami i panko .
- Z masy uformować kotlety.
- Ułóż paszteciki, udekorowane plasterkami cebuli, na lekko naoliwionej blasze do pieczenia.
- Piec, obracając raz, aż będą brązowe i chrupiące z obu stron, około 45 minut.

80. Pasztet wegetariański w stylu Tex-Mex

SKŁADNIKI:

- 15¼ uncji Kukurydza w puszce z całymi ziarnami
- ½ szklanki Płyn zarezerwowany
- ½ szklanki mąki kukurydzianej
- ½ szklanki cebuli, drobno posiekanej
- ⅓ szklanki Czerwona papryka, drobno posiekana
- ½ łyżeczki startej skórki z limonki
- ¼ szklanki Ugotowanego białego ryżu
- 3 łyżki świeżej kolendry, posiekanej
- 4 łyżeczki papryczki chilli Jalapeno
- ½ łyżeczki mielonego kminku
- 4 beztłuszczowe tortille z mąki, od 9 do 10 cali
- 8 łyżek lekkiej kwaśnej śmietany
- 8 łyżek Zakupiona salsa

INSTRUKCJE:

- Zmiksuj ½ szklanki ziaren kukurydzy i 1 łyżkę mąki kukurydzianej w procesorze, aż utworzą się wilgotne grudki. Dodaj ¾ szklanki ziaren kukurydzy i przetwarzaj przez 10 sekund
- Przenieś mieszankę kukurydzianą do ciężkiego nieprzywierającego rondla. Dodaj ½ szklanki płynu kukurydzianego, cebulę, paprykę i skórkę z limonki. Przykryj i gotuj na bardzo małym ogniu, aż będzie gęsty i jędrny, często mieszając, 12 minut. Wymieszaj ryż, kolendrę, jalapeño, sól i kminek. Upuść ¼ mieszanki na każdy z 4 kawałków folii i wciśnij kawałki w placki o grubości ¾ cala.
- Przygotuj grilla. Spryskaj burgery z obu stron sprayem zapobiegającym przywieraniu i grilluj, aż będą chrupiące,

około 5 minut z każdej strony. Grilluj tortille, aż będą giętkie, około 30 sekund z każdej strony

81. Wegetariańskie kotleciki z fasoli

SKŁADNIKI:

- 2 uncje gotowanej mieszanej fasoli
- 1 Cebula, drobno posiekana
- 1 Marchewka, drobno starta
- 1 łyżeczka ekstraktu roślinnego
- 1 łyżeczka suszonych ziół mieszanych
- 1 uncja pełnoziarnistego panko

INSTRUKCJE:

- Wymieszaj wszystkie składniki w robocie kuchennym lub blenderze, aż będą prawie gładkie.
- Uformować 4 grube burgery i dobrze schłodzić.
- Posmaruj olejem i grilluj lub grilluj przez około 15 minut, obracając raz lub dwa razy.
- Podawaj w bułkach sezamowych z dodatkami, sałatką i ogromnymi, grubymi frytkami!

82. Owies Cebulowy paszteciki

SKŁADNIKI:

- 4 szklanki wody
- ½ szklanki sosu sojowego o obniżonej zawartości soli
- ½ szklanki drożdży odżywczych
- 1 Cebula pokrojona w kostkę
- 1 łyżka oregano
- ½ łyżki Czosnku w proszku
- 1 łyżka suszonej bazylii
- 4½ szklanki staromodnych płatków owsianych

INSTRUKCJE:

- Doprowadzić wszystkie składniki oprócz płatków owsianych do wrzenia.
- Zmniejsz ogień i wymieszaj z 4½ filiżanki płatków owsianych.
- Gotować około 5 minut, aż woda się wchłonie.
- Wypełnij mieszanką prostokątną nieprzywierającą formę do pieczenia
- Piec w 350 F. przez 25 minut. Następnie pokrój gigantycznego burgera na 4-calowe kwadratowe burgery i odwróć je.
- Gotuj przez kolejne 20 minut.
- Podawać jako danie główne, na ciepło lub na zimno.

83. Pasztet z dzikich grzybów

SKŁADNIKI:

- 2 łyżeczki oliwy z oliwek
- 1 Żółta cebula, drobno posiekana
- 2 Szalotki, obrane i posiekane
- $\frac{1}{8}$ łyżeczki soli
- 1 szklanka suchych grzybów shiitake
- 2 kubki Pieczarki Portobello
- 1 opakowanie tofu
- ⅓ szklanki Prażone kiełki pszenicy
- ⅓ szklanki panko
- 2 łyżki sosu sojowego Lite
- 2 łyżki sosu Worcestershire
- 1 łyżeczka aromatu dymu w płynie
- $\frac{1}{2}$ łyżeczki czosnku granulowanego
- $\frac{3}{4}$ szklanki płatków owsianych do szybkiego gotowania

INSTRUKCJE:

- Podsmaż cebulę, szalotki i sól na oliwie z oliwek przez około 5 minut.
- Ugotuj zmiękczone grzyby shiitake i zmiel je razem ze świeżymi grzybami w robocie kuchennym. Dodać do cebuli.
- Gotuj przez 10 minut, od czasu do czasu mieszając, aby się nie przypaliły.
- Pieczarki wymieszać z puree z tofu, dodać pozostałe składniki i dobrze wymieszać.
- Zwilżyć ręce, aby zapobiec sklejaniu się i formowaniu kotletów.
- Piecz przez 25 minut, obracając raz po 15 minutach.

84. Paszteciki wegetariańskie z tofu tahini

SKŁADNIKI:

- 1-funtowe twarde tofu, odsączone
- 1½ szklanki surowych płatków owsianych
- ½ szklanki startej marchwi
- 1 Posiekana smażona cebula
- 1 łyżka Tahini, mniej więcej
- 2 łyżki sosu Worcestershire
- 1 łyżka sosu sojowego

INSTRUKCJE:

- Dodaj mieszankę wybranych przypraw i ziół.
- Uformować kotlety na blasze do pieczenia.
- Piec w 350 przez 20 minut, odwrócić je i piec jeszcze 10 minut.

85. Grillery z czarną fasolą i orzechami

SKŁADNIKI:

- 1 szklanka granulatu TVP
- 1 szklanka wody
- 1 łyżka sosu sojowego
- 15-uncjowa puszka czarnej fasoli
- ½ szklanki witalnej mąki glutenowej pszennej
- ¼ szklanki sosu barbecue
- 1 łyżka płynnego dymu
- ½ łyżeczki czarnego pieprzu
- 2 łyżki masła orzechowego

INSTRUKCJE:

- Odtwórz TVP, mieszając go z wodą i sosem sojowym w misce nadającej się do kuchenki mikrofalowej, szczelnie przykrywając plastikową folią i podgrzewając w kuchence mikrofalowej na wysokim poziomie przez 5 minut.
- Dodaj fasolę, gluten pszenny, sos barbecue, płynny dym, pieprz i masło orzechowe do odtworzonego TVP, gdy będzie wystarczająco chłodny, aby można go było używać.
- Ugniataj go rękami, aż będzie jednolity, a większość fasoli będzie rozgnieciona.
- Uformować 6 kotletów.
- Grilluj te dzieci na grillu, szczotkując po drodze dodatkowym sosem barbecue, około 5 minut z każdej strony.

86. Paszteciki z jęczmienia i selera

SKŁADNIKI:

- 1 szklanka fasoli maślanej z puszki
- ¾ szklanki kaszy bulgur, ugotowanej
- ¾ szklanki jęczmienia, ugotowanego
- ½ szklanki Szybkie płatki owsiane, niegotowane
- 1½ łyżki sosu sojowego
- 2 łyżki sosu barbecue
- 1 łyżeczka suszonej bazylii
- ½ szklanki cebuli, drobno posiekanej
- 1 ząbek czosnku, drobno posiekany
- 1 Seler naciowy, posiekany
- 1 łyżeczka soli
- pieprz do smaku

INSTRUKCJE:

- Za pomocą widelca lub tłuczka do ziemniaków lekko rozgnieć fasolę. Powinny być grube, a nie puree. Dodać pozostałe składniki i uformować 6 kotletów.
- Spryskaj patelnię olejem i brązowymi plackami z obu stron.

87.Paszteciki Tempeh i Cebula

SKŁADNIKI:

- 8 uncji tempeh, pokrojone w 1/2-calowe kostki
- ¾ szklanki posiekanej cebuli
- 2 ząbki czosnku, posiekane
- ¾ szklanki posiekanych orzechów włoskich
- 1/2 szklanki staromodnego lub szybko gotującego się owsa
- 1 łyżka posiekanej świeżej pietruszki
- 1/2 łyżeczki suszonego oregano
- 1/2 łyżeczki suszonego tymianku
- 1/2 łyżeczki soli
- 1/4 łyżeczki świeżo zmielonego czarnego pieprzu
- 3 łyżki oliwy z oliwek
- musztarda Dijon
- Plastry czerwonej cebuli, pomidora, sałaty i awokado

INSTRUKCJE:

- W garnku z gotującą się wodą gotuj tempeh przez 30 minut. Odcedź i odstaw do ostygnięcia.
- W robocie kuchennym połącz cebulę z czosnkiem i miksuj, aż się zmielą. Dodaj schłodzony tempeh, orzechy włoskie, płatki owsiane, pietruszkę, oregano, tymianek, sól i pieprz. Przetwarzaj, aż dobrze się wymiesza. Z masy uformować 4 równe placki.
- Na patelni rozgrzej olej przegrzany. Dodaj hamburgery i gotuj, aż będą dokładnie ugotowane i zrumienione z obu stron, około 7 minut z każdej strony.
- Burgery komponuj z odrobiną musztardy, sałatą, pomidorem, czerwoną cebulą i awokado.

88. Paszteciki Mieszane Z Fasoli I Owsa

SKŁADNIKI:

- 1 łyżka oliwy z oliwek
- 1 cebula, posiekana
- 4 ząbki czosnku, posiekane
- 1 marchewka, posiekana
- 1 łyżeczka mielonego kminku
- 1 łyżeczka chili w proszku
- pieprz do smaku
- 15 *uncji* fasoli pinto, opłukanej, osuszonej i zmiksowanej
- 15 *uncji* czarnej fasoli, opłukanej, odsączonej i zmiksowanej
- 1 łyżka ketchupu
- 2 łyżki musztardy Dijon
- 2 łyżki sosu sojowego
- 1 ½ szklanki płatków owsianych
- ½ szklanki salsy
- 8 liści sałaty

INSTRUKCJE:

- Dodaj oliwę z oliwek na patelnię na ogniu.
- Smaż cebulę przez 2 minuty, często mieszając.
- Wmieszać czosnek. Następnie gotuj przez 1 minutę.
- Dodaj marchewkę, mielony kminek i chili w proszku.
- Gotuj mieszając przez 2 minuty.
- Przenieś mieszankę marchewkową do miski.
- Wymieszaj puree z fasoli, keczup, musztardę, sos sojowy i płatki owsiane.
- Uformować kotleciki.
- Grilluj kotlety przez 4 do 5 minut z każdej strony.
- Podawać z salsą i sałatą.

89. Paszteciki z tempehem i orzechami włoskimi

SKŁADNIKI:

- 8 uncji tempeh, pokrojone w 1/2-calowe kostki
- ¾ szklanki posiekanej cebuli
- 2 ząbki czosnku, posiekane
- ¾ szklanki posiekanych orzechów włoskich
- 1/2 szklanki staromodnego lub szybko gotującego się owsa
- 1 łyżka posiekanej świeżej pietruszki
- 1/2 łyżeczki suszonego oregano
- 1/2 łyżeczki suszonego tymianku
- 1/2 łyżeczki soli
- 1/4 łyżeczki świeżo zmielonego czarnego pieprzu
- 3 łyżki oliwy z oliwek
- musztarda Dijon
- Plastry czerwonej cebuli, pomidora, sałaty i awokado

INSTRUKCJE:

- W garnku z gotującą się wodą gotuj tempeh przez 30 minut. Odcedź i odstaw do ostygnięcia.
- W robocie kuchennym połącz cebulę z czosnkiem i miksuj, aż się zmielą. Dodaj schłodzony tempeh, orzechy włoskie, płatki owsiane, pietruszkę, oregano, tymianek, sól i pieprz. Przetwarzaj, aż dobrze się wymiesza. Z masy uformować 4 równe placki.
- Na patelni rozgrzej olej przegrzany. Dodaj hamburgery i gotuj, aż będą dokładnie ugotowane i zrumienione z obu stron, około 7 minut z każdej strony.
- Złóż burgery z pastą musztardową i udekoruj sałatą, pomidorem, czerwoną cebulą i awokado.

90. Paszteciki z orzechami makadamia i orzechami nerkowca

SKŁADNIKI:

- 1 szklanka posiekanych orzechów makadamia
- 1 szklanka posiekanych nerkowców
- 1 marchewka, starta
- 1 cebula, posiekana
- 1 ząbek czosnku, posiekany
- 1 papryczka jalapeño lub inna zielona papryczka chili, pozbawiona nasion i posiekana
- 1 szklanka staromodnego owsa
- 1 szklanka suchej niesezonowanej mąki migdałowej
- 2 łyżki posiekanej świeżej kolendry
- 1/2 łyżeczki mielonej kolendry
- Sól i świeżo mielony czarny pieprz
- 2 łyżeczki świeżego soku z limonki
- Olej rzepakowy lub z pestek winogron do smażenia
- Liście sałaty i przyprawa do wyboru

INSTRUKCJE:

- W robocie kuchennym połącz orzechy makadamia, orzechy nerkowca, marchewkę, cebulę, czosnek, chili, owies, mąkę migdałową, kolendrę, kolendrę oraz sól i pieprz do smaku.
- Przetwarzaj, aż dobrze się wymiesza. Dodaj sok z limonki i miksuj, aż dobrze się połączy. Spróbuj, w razie potrzeby doprawiając przyprawami. Z masy uformować 4 równe placki.
- Na patelni rozgrzej cienką warstwę oleju przegrzanego. Dodaj placki i smaż na złoty kolor z obu stron, obracając raz w sumie około 10 minut.
- Podawać z sałatą i ulubionymi dodatkami.

91. Złote Burgery Z Ciecierzycy

SKŁADNIKI:

- 2 łyżki oliwy z oliwek
- 1 żółta cebula, posiekana
- 1/2 żółtej papryki, posiekanej
- 1 1/2 szklanki ugotowanej ciecierzycy
- 3/4 łyżeczki soli
- 1/4 łyżeczki świeżo zmielonego czarnego pieprzu
- 1/4 szklanki glutenu pszennego
- Przyprawy do wyboru

INSTRUKCJE:

- Na patelni rozgrzać 1 łyżkę oleju i przegrzać. Dodaj cebulę i pieprz i gotuj, aż zmiękną, około 5 minut. Odłóż na bok, by się delikatnie schłodziło.
- Przenieś schłodzoną mieszankę cebuli do robota kuchennego. Dodaj ciecierzycę, sól i czarny pieprz i puls, aby wymieszać. Dodaj mąkę i wymieszaj, aby połączyć.
- Uformuj z mieszanki 4 burgery o średnicy około 4 cali. Jeśli mieszanka jest zbyt luźna, dodaj trochę więcej mąki.
- Na patelni rozgrzej pozostałe 2 łyżki oleju. Dodaj hamburgery i smaż, aż będą twarde i zrumienione z obu stron, obracając raz, około 5 minut z każdej strony.
- Burgery podawaj z wybranymi dodatkami.

92. Curry Pasztety Z Ciecierzycy

SKŁADNIKI:

- 3 łyżki oliwy z oliwek
- 1 cebula, posiekana
- 1 1/2 łyżeczki gorącego lub łagodnego curry w proszku
- 1/2 łyżeczki soli
- 1/8 łyżeczki mielonego cayenne
- 1 szklanka ugotowanej ciecierzycy
- 1 łyżka posiekanej świeżej pietruszki
- 1/2 szklanki glutenu pszennego
- 1/3 szklanki suchej niesezonowanej mąki migdałowej
- Liście sałaty
- 1 dojrzały pomidor, pokrojony w plastry o grubości 1/4 cala

INSTRUKCJE:

- Na patelni rozgrzać 1 łyżkę oleju i przegrzać. Dodaj cebulę, przykryj i gotuj, aż zmięknie, 5 minut. Wymieszaj 1 łyżeczkę curry w proszku, sól i pieprz cayenne i zdejmij z ognia. Odłożyć na bok.
- W robocie kuchennym połącz ciecierzycę, pietruszkę, glutenową mąkę pszenną, mąkę migdałową i gotowaną cebulę. Proces łączenia, pozostawiając trochę tekstury.
- Z masy z ciecierzycy uformować 4 równe placki i odstawić.
- Na patelni rozgrzej pozostałe 2 łyżki oleju. Dodaj placki, przykryj i smaż na złoty kolor z obu stron, obracając raz, około 5 minut z każdej strony.
- W misce wymieszaj pozostałe 1/2 łyżeczki curry z majonezem, mieszając miesza się.
- Burgera podawaj z sałatą i plastrami pomidora.

93.Paszteciki z fasoli pinto z majonezem

SKŁADNIKI:

- 1 1/2 szklanki ugotowanej fasoli pinto
- 1 szalotka, posiekana
- 1 ząbek czosnku, posiekany
- 2 łyżki posiekanej świeżej kolendry
- 1 łyżeczka przyprawy kreolskiej
- 1/4 szklanki glutenu pszennego
- Sól i świeżo mielony czarny pieprz
- 1/2 szklanki suchej niesezonowanej mąki migdałowej
- 2 łyżeczki świeżego soku z limonki
- 1 papryczka serrano, pozbawiona nasion i posiekana
- 2 łyżki oliwy z oliwek
- Rozdrobniona sałata
- 1 pomidor, pokrojony w 1/4-calowe plasterki

INSTRUKCJE:

- Odsącz fasolę ręcznikami papierowymi, aby wchłonąć nadmiar wilgoci. W robocie kuchennym połącz fasolę, szalotkę, czosnek, kolendrę, przyprawę kreolską, mąkę oraz sól i pieprz do smaku. Przetwarzaj, aż dobrze się wymiesza.
- Z masy uformować 4 równe placki, w razie potrzeby dodając więcej mąki. Kotleciki obtaczamy w mące migdałowej. Przechowywać w lodówce przez 20 minut.
- W misce połącz majonez, sok z limonki i chili serrano. Dopraw solą i pieprzem do smaku, dobrze wymieszaj i wstaw do lodówki, aż będzie gotowy do podania.
- Na patelni rozgrzej olej przegrzany. Dodaj placki i smaż, aż będą rumiane i chrupiące z obu stron, około 5 minut z każdej strony.
- Kotleciki podawaj z sałatą i pomidorem.

94. z ryżem z soczewicy

SKŁADNIKI:
- ¾ szklanki soczewica
- 1 Słodkie ziemniaki
- 10 Świeże liście szpinaku
- 1 filiżanka Świeże grzyby, posiekane
- ¾ szklanki mąka migdałowa
- 1 łyżeczka Estragon
- 1 łyżeczka Czosnek w proszku
- 1 łyżeczka Płatki pietruszki
- ¾ szklanki Ryż długoziarnisty

INSTRUKCJE:
- Gotuj ryż, aż będzie ugotowany i lekko lepki, a soczewicę do miękkości. Lekko ostudzić.
- Drobno posiekaj obranego słodkiego ziemniaka i gotuj do miękkości. Lekko ostudzić.
- Liście szpinaku należy opłukać i drobno posiekać.
- Wymieszaj wszystkie składniki i przyprawy, dodając sól i pieprz do smaku.
- Schłodzić w lodówce przez 15-30 min.
- Uformować kotlety i podsmażyć na patelni lub na grillu warzywnym na grillu zewnętrznym.
- Pamiętaj, aby natłuścić lub spryskać patelnię Pam, ponieważ te hamburgery będą miały tendencję do przyklejania się.

95. Shiitake i płatki owsiane

SKŁADNIKI:

- 8 uncji Płatki owsiane
- 4 uncje wegańskiego sera mozzarella
- 3 uncje grzybów shiitake pokrojonych w kostkę
- 3 uncje białej cebuli pokrojonej w kostkę
- 2 ząbki czosnku posiekane
- 2 uncje czerwonej papryki pokrojonej w kostkę
- 2 uncje kostek cukinii

INSTRUKCJE:

- Połącz wszystkie składniki w robocie kuchennym.
- Wciśnij włącznik/wyłącznik, aby z grubsza połączyć składniki.
- Nie mieszać zbyt długo. Końcowe mieszanie można wykonać ręcznie. Uformuj czterouncjowe placki.
- Na patelni dodaj ilość oliwy z oliwek.
- Gdy patelnia będzie gorąca, dodaj pasztet.
- Gotuj minutę z każdej strony.

96.owies . W pasztecie z jajkiem i mozzarella

SKŁADNIKI:

- ½ szklanki zielonej cebuli, posiekanej
- ¼ szklanki zielonej papryki, posiekanej
- ¼ szklanki natki pietruszki, posiekanej
- ¼ łyżeczki Biały pieprz
- 2 ząbki czosnku, pokrojone w kostkę
- ½ szklanki wegańskiego sera Mozzarella, startego
- ¾ szklanki brązowego ryżu
- ⅓ szklanki wody lub białego wina
- ½ szklanki marchwi, rozdrobnionej
- ⅔ szklanki posiekanej cebuli
- 3 łodygi selera, posiekane
- 1¼ łyżeczki Sól przyprawowa
- ¾ łyżeczki tymianku
- ½ szklanki wegańskiego sera Cheddar, startego
- 2 szklanki szybkich płatków owsianych
- ¾ szklanki kaszy bulgur

INSTRUKCJE:

- Ugotuj ryż i kaszę bulgur.
- Dusić warzywa przez 3 minuty na patelni pod przykryciem, mieszając raz lub dwa razy.
- Dokładnie odcedź i wymieszaj z ryżem i serem, aż ser się lekko rozpuści.
- Wmieszaj pozostałe składniki.
- Uformuj 4-uncjowe placki.
- Gotuj przez około 10 minut na grillu, używając sprayu do gotowania.
- Podawać jako danie główne.

97. Paszteciki z orzechami i warzywami

SKŁADNIKI:

- ½ czerwonej cebuli
- 1 żeberko selera
- 1 marchewka
- ½ czerwona papryka
- 1 szklanka orzechów włoskich, prażonych, mielonych
- ½ szklanki panko
- ½ szklanki makaron jęczmienny
- 2 wegańskie zamienniki jajek
- Sól i pieprz
- Plasterki awokado
- Plasterki czerwonej cebuli
- łac
- Musztarda

INSTRUKCJE:

- Smaż seler naciowy, marchewkę i czerwoną paprykę na oleju do miękkości
- Dodaj czosnek, orzechy, bułkę tartą i ryż. Uformować kotlety.
- Smażymy na oleju na złoty kolor.
- Złożyć na misce.

98. Marokańskie burgery wegetariańskie Yam

SKŁADNIKI:

- 1,5 szklanki startego ignamu
- 2 ząbki czosnku, obrane
- ¾ szklanki świeżych liści kolendry
- 1 kawałek świeżego imbiru, obrany
- 15-uncjowa puszka ciecierzycy, odsączona i wypłukana
- 2 łyżki siemienia lnianego zmieszane z 3 łyżkami wody
- ¾ szklanki płatków owsianych zmielonych na mąkę
- ½ łyżki oleju sezamowego
- 1 łyżka aminokwasów kokosowych lub niskosodowego tamari
- ½-¾ łyżeczki drobnoziarnistej soli morskiej lub różowej soli himalajskiej do smaku
- Świeżo zmielony czarny pieprz do smaku
- 1 ½ łyżeczki chili w proszku
- 1 łyżeczka kminku
- ½ łyżeczki kolendry
- ¼ łyżeczki cynamonu
- ¼ łyżeczki kurkumy
- ½ szklanki kolendrowo-limonkowego sosu tahini

INSTRUKCJE:

- Rozgrzej piekarnik do 350F. Wyłóż blachę do pieczenia kawałkiem pergaminu.
- Jarmuż obrać ze skórki. Używając standardowego otworu rusztu, zetrzyj batat, aż uzyskasz 1 ½ lekko upakowanych filiżanek. Włożyć do miski.
- Zdejmij nasadkę tarki z robota kuchennego i dodaj zwykłe ostrze „s". Zmiel czosnek, kolendrę i imbir, aż zostaną drobno posiekane.

- Dodaj odsączoną ciecierzycę i ponownie zmiksuj, aż zostanie drobno posiekana, ale pozostaw trochę tekstury. Przełóż tę mieszaninę do miski.
- W misce wymieszaj mieszaninę lnu i wody.
- Zmiel płatki owsiane na mąkę za pomocą blendera lub robota kuchennego. Lub możesz użyć ¾ szklanki + 1 łyżka wstępnie zmielonej mąki owsianej. Wymieszaj to w mieszance razem z mieszanką lnu.
- Teraz wymieszaj olej, aminokwasy/tamari, sól/pieprz i przyprawy, aż dokładnie się połączą. W razie potrzeby dostosuj do smaku.
- Uformować 6-8 kotletów, mocno pakując masę. Umieść na blasze do pieczenia.
- Piecz przez 15 minut, następnie ostrożnie przewróć i piecz przez kolejne 18-23 minut, aż będą złociste i jędrne. Spoko na Mr.

99. Burger z soczewicy, pistacji i shiitake

SKŁADNIKI:
DLA BURGERÓW
- 3 szalotki, pokrojone w kostkę
- 2 łyżeczki oliwy z oliwek
- ½ szklanki czarnej soczewicy, opłukanej
- 6 suszonych kapeluszy grzybów shiitake
- ½ szklanki pistacji
- ¼ szklanki świeżej pietruszki, posiekanej
- ¼ szklanki witalnego glutenu pszennego
- 1 łyżka stołowa Ener-G, roztrzepana z ⅛ szklanki wody
- 2 łyżeczki suszonej natartej szałwii
- ½ łyżeczki soli
- ¼ łyżeczki mielonej papryki

NA FRYTKI
- 3 ziemniaki, obrane i cienko pokrojone
- olej roślinny do smażenia
- sól

INSTRUKCJE:
- Zagotuj trzy szklanki wody. Czekając, aż woda się zagrzeje, wrzuć szalotki pokrojone w kostkę na osobną patelnię z olejem i smaż na małym ogniu.
- Gdy woda zacznie wrzeć, dodaj soczewicę i suszone kapelusze shiitake i przykryj garnek pokrywką, aby podczas gotowania mogło uchodzić trochę pary. Gotuj przez 18-20 minut, a następnie przelej je na sitko o drobnych oczkach, aby odsączyć i ostudzić. Po ostygnięciu wyjąć shiitake z soczewicy i pokroić w kostkę, odrzucając twarde łodygi.
- Umieść pistacje w robocie kuchennym i grubo je zmiel. W tym czasie twoje szalotki powinny być ładnie

skarmelizowane. Dodaj szalotki, soczewicę, pokrojone w kostkę kapelusze shiitake, pistacje i pietruszkę do miski i mieszaj, aż dobrze się połączą. Dodać witalny gluten pszenny i wymieszać.

- Teraz dodaj mieszaninę woda/Energ-G i mieszaj przez około dwie minuty mocnym widelcem, aby umożliwić rozwinięcie się glutenu. Teraz dodaj szałwię, sól i pieprz i mieszaj, aż dobrze się połączą. Następnie możesz umieścić mieszankę w lodówce na kilka godzin lub natychmiast usmażyć hamburgery.
- Aby usmażyć burgery, uformuj z nich kotlety, lekko ściskając mieszankę podczas formowania. Smażyć na patelni z odrobiną oliwy z oliwek przez 2-3 minuty z każdej strony lub do momentu, aż lekko się zarumienią.
- Aby zrobić frytki, umieść kilka cali oleju roślinnego w garnku. Ogrzewać na dużym ogniu.
- Smażyć partiami.
- Smażymy do chrupkości, około 4-5 minut, po czym zdejmujemy z oleju żaroodpornymi szczypcami.
- Przełożyć na ręczniki papierowe do odsączenia i od razu posypać odrobiną soli.

100. Wysokobiałkowe Wegańskie Burgery

SKŁADNIKI:

- 1 szklanka teksturowanego białka roślinnego
- ½ szklanki ugotowanej czerwonej fasoli
- 3 łyżki oleju
- 1 łyżka syropu klonowego
- 2 łyżki koncentratu pomidorowego
- 1 łyżka sosu sojowego
- 1 łyżka drożdży odżywczych
- ½ łyżeczki mielonego kminku
- Po ¼ łyżeczki: papryka mielona chili w proszku, czosnek w proszku, cebula w proszku, oregano
- ⅛ łyżeczki płynnego dymu
- ¼ szklanki wody lub soku z buraków
- ½ szklanki witalnego glutenu pszennego

INSTRUKCJE:

- Doprowadź garnek wody do wrzenia. Po zagotowaniu dodać teksturowane białko roślinne i gotować na wolnym ogniu przez 10-12 minut. Opróżnij TVP i przepłucz go kilka razy. Ściśnij TVP rękami, aby usunąć nadmiar wilgoci.
- W misce robota kuchennego dodaj ugotowaną fasolę, olej, syrop klonowy, koncentrat pomidorowy, sos sojowy, drożdże odżywcze, przyprawy, dym w płynie i wodę. Miksuj przez 10-20 sekund, w razie potrzeby zeskrobując boki i ponownie przetwarzaj, aż powstanie purée. Nie musi być całkowicie gładki.
- Dodaj uwodniony TVP i miksuj przez 7-10 sekund lub do momentu, gdy TVP zostanie bardzo drobno posiekany, mieszanka powinna wyglądać jak sos boloński. Nie chcesz mieć dużych kawałków TVP, inaczej hamburgery nie będą się dobrze trzymać.

- Przenieś mieszaninę do miski do mieszania i dodaj witalny gluten pszenny. Najpierw wymieszaj drewnianą trzepaczką, a następnie ugniataj rękoma przez 2-3 minuty, aby rozwinął się gluten. Mieszanka powinna być miękka i mieć lekką elastyczność.
- Podziel masę na 3 części i uformuj kotleciki. Ostrożnie zawiń każdego burgera w pergamin, a następnie w folię aluminiową.
- Umieść owinięte burgery w szybkowarze (można układać je jeden na drugim) i gotuj pod ciśnieniem przez 1 godzinę i 20 minut. Możesz użyć szybkowaru z płytą kuchenną lub garnka błyskawicznego.
- Po upieczeniu rozpakuj burgery i pozwól im ostygnąć przez 10 minut. Teraz możesz smażyć burgery na niewielkiej ilości oleju na złoty kolor z każdej strony.
- Burgery wytrzymają do 4 dni w lodówce. W lodówce trochę stwardnieją, ale po podgrzaniu zmiękną.

WNIOSEK

Zbliżając się do końca tej pysznej podróży, mamy nadzieję, że książka „Z ogrodu na talerz: książka kucharska z klopsikami warzywnymi" zainspirowała Cię do przyjęcia smaków i konsystencji klopsików warzywnych we własnej kuchni. Klopsiki warzywne stanowią odżywczą i kreatywną alternatywę dla tradycyjnych klopsików. Zachęcamy do dalszego odkrywania i eksperymentowania z tym wszechstronnym daniem.

Mamy nadzieję, że dzięki przepisom i technikom przedstawionym w tej książce kucharskiej zyskałeś pewność siebie i inspirację do tworzenia warzywnych klopsików, które są zarówno smaczne, jak i pożywne. Niezależnie od tego, czy delektujesz się nimi jako daniem głównym, dodajesz je do dań z makaronu, czy włączasz je do kanapek lub wrapów, każdy kęs może przynieść ci satysfakcję zdrowego i aromatycznego posiłku.

Tak więc, gdy wyruszasz na własne przygody z klopsikami warzywnymi, niech „Z ogrodu na talerz" będzie Twoim zaufanym towarzyszem, dostarczającym pysznych przepisów, pomocnych wskazówek i poczucia kulinarnej eksploracji. Wykorzystaj kreatywność, smaki i pożywienie, które oferują klopsiki warzywne, i pozwól, aby każde stworzone przez Ciebie danie stało się celebracją tętniącego życiem świata składników pochodzenia roślinnego.

Niech Twoja kuchnia wypełni się kuszącymi aromatami pieczonych lub smażonych klopsików warzywnych, dźwiękiem skwierczącego pyszności i radością z odżywiania organizmu zdrowymi i pysznymi roślinnymi posiłkami. Miłego gotowania i niech klopsiki warzywne przyniosą satysfakcję i radość na Twoim stole!